la bibliothèque des parents

Un immense merci à mes enfants, **Tanguy**, **Roxane** et plus particulièrement **Héloïse** (qui pose avec moi dans ce livre) pour tout ce qu'ils m'ont enseigné et pour leur patience pendant l'écriture de ce livre.

Un merci chaleureux à mes 3 drôles de dames et à leurs magnifiques bébés, pour leur grâce et leur fraîcheur – par ordre d'apparition :

Rozenn et **Arsène**

Stéphanie et **Colette**

Emmanuelle et **Blanche**

Une mention spéciale à notre photographe, mon amie **Émilie Buzyn** qui a su capter le meilleur de nos postures : le livre doit beaucoup au temps et à l'énergie qu'elle a passés avec nous… Nous garderons un merveilleux souvenir de nos séances de photos.

Merci à mon mari **Thierry** pour sa patience et sa présence.

Un grand merci à **mes professeurs de psychologie cognitive** ainsi qu'à mes professeurs de yoga qui ont su me faire confiance.

Un salut à la chanteuse **Ndidi O** pour sa voix merveilleuse qui a rythmé l'écriture de ce livre.

S.D.

la bibliothèque des parents

100 postures de YOGA AVEC BÉBÉ

Sophie Dumoutet
professeure de yoga

Emilie Buzyn
photographe

Nathan

SOMMAIRE

YOGA FACILE AVEC BÉBÉ

Lorsque l'on dit yoga, on pense méditation, cours, tapis, coussins, maître de yoga… Bref, on pense à une pratique isolée du quotidien, comme une parenthèse. Certes, les postures (ou asanas) nous apportent un bien-être indéniable lorsque l'on pratique régulièrement le yoga. Mais on ne pense pas forcément à inclure les postures de yoga au cœur même de notre vie.

Il en va tout autrement pour les bébés. Beaucoup de parents pensent qu'il faudrait les initier au yoga alors que, en réalité, ils le pratiquent en permanence ! Il suffit de regarder un bébé de 1 an pour s'en apercevoir.

Néanmoins, nous pouvons favoriser les postures naturelles de bébé en lui inculquant de bonnes habitudes et en lui proposant un environnement adéquat. Attention ! Toute intervention trop radicale risque de perturber son « don » naturel. Jouer avec votre bébé et passer du temps avec lui seront donc l'objectif principal de ces postures. Aucune contrainte ne saurait apprendre quoi que ce soit à un bébé ! Ne forcez jamais votre bébé. Proposez, il disposera.

De votre côté, il est impératif de bien vous positionner si vous ne voulez pas voir pointer un mal de dos et autres cyphose et lordose à moyen ou long terme. Le yoga sera pour cela une aide précieuse. Mon souhait, à travers ce livre, est de vous faire redécouvrir votre quotidien avec bébé à l'aune du yoga. Prendre bébé dans les bras, jouer avec lui, ranger ses jouets, l'allaiter, se relaxer pendant qu'il prend son bain... Les postures décrites ici sont des propositions, des idées, des pistes à expérimenter et à adapter selon votre propre souplesse et la personnalité de votre bébé.

Des postures avec ou sans bébé

Certaines postures sont à faire avec bébé, d'autres sans lui. Cela dépendra de vos envies à tous les deux. Observez votre bébé : il vous enseignera lui aussi d'autres asanas. La plupart des pos- tures sont des adaptations – c'est la raison pour laquelle elles portent des noms plus imagés que le nom initial. Au diable les puristes ! Bébé, lui, ne connaît ni les noms ni les postures exactes et pourtant c'est un vrai yogi ! Ce livre se découpe en cinq périodes : dès 1 mois, à partir de 3 mois, de 7 mois, de 12 mois et de 18 mois. Il compte en plus une partie sur l'allaitement. Bien sûr, toutes les postures du début peuvent se pratiquer par la suite ! Dans les premières semaines qui suivent l'accouchement, il est important d'avoir un avis médical avant de pratiquer – même si la plupart des postures de relaxation sont sans aucun danger. La rééducation périnéale est à ce titre très importante, et même si la pratique du yoga inclut le travail du périnée, il vous faudra l'avis d'une sage-femme ou d'un kinésithérapeute qualifié pour déceler un éventuel problème de hanche, de bassin ou de périnée.

Bouger, respirer, digérer

La liberté de mouvement, la respiration, la digestion sont en grande partie liées aux habits que l'on porte. Si vous voulez que bébé fasse du yoga 24 h/24, prévoyez des habits qui ne l'empêchent pas de bouger, de pédaler, de se retourner, d'avancer à quatre pattes, de marcher et, surtout, de respirer. Les fabricants n'en tiennent pas toujours compte et peu de couches premier âge possèdent une sangle élastique… Or bébé respire essentiellement par le ventre. Le serrer, c'est l'empêcher non seulement de respirer, de pédaler, mais aussi de bien digérer. Si bébé ne peut pas recroqueviller ses jambes contre lui, il n'éliminera pas correctement. D'autre part, si vous souhaitez porter bébé en écharpe (ce qui est l'idéal les premiers mois) et pouvoir replier ses jambes contre lui ou placer ses genoux remontés sur le côté, il est impératif que son habit et sa couche soient bien souples.

Les bons habits

Pour favoriser les mouvements de bébé, privilégiez donc des matières souples en jersey, interlock ou maille, les bodys ou les grenouillères une pièce, faciles à dégrafer par le bas pour changer bébé. Les salopettes sont souvent trop rigides, donc à éviter. Les robes ne sont pas adaptées à un bébé qui ne sait pas encore bien marcher.

En hiver, oubliez la doudoune intégrale dans laquelle bébé ressemble à un Bibendum et ne peut presque plus bouger, les bras en croix. Il existe des combinaisons en tissu souple et chaud dans lesquelles bébé peut bouger à son aise.

Les habits de nuit

Si dans les premiers mois un emmaillotage ou une gigoteuse peuvent rassurer bébé, optez pour un surpyjama dès 3 ou 4 mois pour lui permettre de se retourner et de se déplacer comme il le veut. Il est normal de retrouver un bébé de 1 an recroquevillé sur lui-même en posture de l'enfant en pleine nuit, c'est excellent pour son dos !

Les couches jetables ou lavables

Privilégiez si possible les couches avec une sangle élastiquée et ne serrez pas trop. Si vous utilisez des couches lavables, choisissez-les assez fines au niveau de la taille – la partie absorbante doit se situer essentiellement au niveau du siège.

Les chaussures et les chaussons

Dans la mesure du possible et si les conditions le permettent, mettez votre bébé pieds nus, c'est tellement mieux pour le yoga ! Pas de glissade, un contact direct avec les éléments, même dans le bac à sable.

À la maison, des chaussons souples qui ne glissent pas favoriseront sa prise avec le sol. Ne lui achetez pas de chaussures avant qu'il marche bien (c´est-à-dire qu'il traverse une pièce entière). Il est nocif et inutile d'ache- ter des chaussures pour aider votre enfant à tenir debout. Cela l'empêcherait de muscler par lui-même sa cheville et lui donnerait une fausse impression d'équilibre.

Ses premières chaussures doivent avoir une semelle très souple que vous pourrez plier en deux. Pensez à ôter ses chaussures lorsque vous rentrez chez vous ou lorsqu'il va à la garderie pour éviter qu'il ne prenne de mauvaises positions des jambes à cause des talons trop épais (genoux rentrés, pieds sur le côté lorsqu'il veut se mettre à genoux).

Les bons habits pour vous

Si vous souhaitez vivre en yoga avec (ou sans) votre bébé, il faudra penser liberté de mouvement et de respiration. L'important est de vous sentir à l'aise en choisissant des vêtements souples avec une ceinture large et élastique, qui permettront non seulement une respiration ventrale – salutaire pour la digestion –, mais aussi les mouvements de pince au niveau du bassin pour éviter de courber le dos. Oubliez les ceintures ou les cordons trop serrés, choisissez des pantalons fluides, en coton ou en lin.

Enfin, évitez les talons trop hauts qui non seulement modifient la posture, mais mettent bien trop de pression sur l'avant du pied et les orteils. Cependant, des chaussures à talon de faible hauteur, large et stable, ou à semelle compensée peuvent permettre des positions intéressantes en position accroupie… Tout est question de dosage.

À VOUS DE JOUER MAINTENANT !

1 DOUCEUR ET RELAXATION

LA MAMAN

La naissance est une forme de cataclysme pour le corps, une tempête qui bouleverse l'équilibre précaire des dernières semaines avant l'accouchement. Les premiers jours à la maison sont souvent centrés autour du bébé, de ses rythmes, de l'allaitement ou des biberons.

Mais pensez également à vous, et prenez quelques précautions: évitez, par exemple, la position verticale et confiez à votre conjoint un maximum de tâches.

Même s'il est alors trop tôt pour véritablement pratiquer le yoga, la méditation et la relaxation seront d'excellents moyens de renouer en douceur avec votre nouveau corps afin de ressentir votre ventre, votre dos, votre périnée grâce à des postures sans risques.

Simplifiez-vous la vie en ayant tout à proximité de votre lit — la nuit notamment — pour éviter de vous déplacer avec votre bébé dans les bras.

Si vous êtes fatiguée (en particulier en cas de césarienne), vous pouvez garder votre bébé dans votre lit en lui prévoyant un petit « nid » : le Cocoonababy, par exemple, est un contour pour délimiter le territoire de votre bébé dans votre lit. Cela vous évitera de le prendre et de le reposer dans son berceau plusieurs fois par jour.

Évitez le plus possible les postures asymétriques car le bassin est encore sensible et a pu être fragilisé par l'accouchement.

Renouez doucement avec votre ventre grâce à des postures horizontales sans pression et n'insistez ni sur les postures verticales ni sur les postures inversées (bassin en hauteur) car le périnée peut manquer de tonus avant sa rééducation.

Si vous avez eu une césarienne, évitez les postures qui compriment trop le ventre et attendez le feu vert de votre médecin ou de votre sage-femme.

Un peu partout dans la maison, prévoyez des matelas ou des coussins de soutien pour allaiter ou vous relaxer, mais aussi pour poser bébé près de vous ou vous étendre avec lui le plus simplement du monde. Vivez à son rythme et oubliez le reste.

LE BÉBÉ

Votre bébé a besoin d'un environnement harmonieux et rassurant. Les premiers mois, il va beaucoup dormir, mais il va également passer beaucoup de temps dans vos bras. Comme le dit le Dr Philippe Grandsenne, c'est un « fœtus dehors », et, à ce titre, il aimera retrouver temporairement un cocon, une enveloppe rassurante pour l'aider à s'ouvrir en douceur au monde.

Votre tâche principale consiste donc, les trois premiers mois environ (mais cela peut varier d'un bébé à l'autre), à le contenir, à l'envelopper, à le protéger de l'extérieur — de la vitesse, du bruit et de l'agitation. C'est aussi le temps des pleurs du soir, des petits problèmes de digestion, de régurgitation. Il faudra alors trouver les postures qui l'apaiseront et l'aideront dans ces premiers mois d'adaptation intense.

1 BIEN PORTÉ

C'est une posture facile et relaxante qui peut se pratiquer à tout moment lorsque bébé ne dort pas encore.

Placez un coussin d'allaitement sous les épaules, les bras et la tête, afin d'être légèrement inclinée.

Votre bébé a la tête posée sur votre épaule ou votre poitrine, entouré de vos bras. Ajoutez éventuellement des coussins sous les jambes pour vous caler et soulager les jambes.

Dans cette position, vous pouvez vous détendre, vous concentrer sur votre respiration ventrale et celle de votre bébé, ressentir son poids tout contre votre poitrine, votre épaule ou votre ventre.

Vous pouvez ajouter plus de coussins sous le dos et la tête pour être davantage à la verticale tout en vous reposant.

Imitez votre bébé, relâchez toutes les tensions, détendez totalement vos bras et vos jambes, sentez peser tout votre corps. À votre tour, abandonnez-vous dans les bras d'une personne imaginaire, expirez longuement comme dans un soupir… À savourer à n'importe quelle heure du jour ou de la nuit.

2 BIEN ENTOURÉ

Le bébé a besoin de sentir des limites autour de lui, comme lorsqu'il était dans votre ventre. Lorsqu'il dort sur le dos, entourez-le de manière qu'il se sente comme dans un cocon. Cela réduira la sensation de vide autour de lui, qui provoque parfois des soubresauts dans son sommeil et le réveille. On appelle ces mouvements le « réflexe de Moro ». C'est un réflexe de défense, car le bébé, qui a été habitué pendant neuf mois à être contenu et entouré, n'aime pas le vide de son lit. Il faudra donc penser à soutenir les jambes et les bras de votre bébé pour éviter ces mouvements parasites, grâce à cette enveloppe.

Vous pouvez également acheter un petit matelas de forme ovale conçu spécialement pour les nouveau-nés, à placer dans votre lit. Il peut être installé entre les deux parents, en toute sécurité pour la nuit. Un landau ou un couffin à côté du lit peuvent aussi très bien faire l'affaire.

Enfin, vous pouvez placer un coussin ferme en forme de lune sous les genoux et les pieds de votre bébé pour que ses jambes soient en ouverture, et un autre autour de sa tête et sous ses épaules.

1

Ainsi entouré, bébé peut se détendre pour échanger avec vous. Ôtez les coussins ou écartez-les petit à petit dès que votre bébé commence à vouloir se retourner et bouger.

2

Un coussin à billes, type coussin d'allaitement, ou rectangulaire qui prend la forme incurvée du dos de bébé (sans qu'il s'y enfonce) sera également un excellent matelas pour le poser près de vous dans la journée, en particulier lorsque vous faites du yoga !

3 BIEN SOUTENU

La colonne vertébrale d'un bébé est comme un collier de perles ; il faut la protéger, d'autant que deux diamants très lourds viennent s'accrocher aux extrémités : la tête et le bassin.

Il faut donc soutenir ces deux « poids lourds » pour éviter de plier ou de trop étirer le dos de bébé. Enfin, dans la mesure du possible, évitez de saisir bébé par-dessous les bras car cela comprime la cage thoracique et peut provoquer des régurgitations.

Pour commencer, positionnez-vous ainsi : une jambe repliée sous le corps, genou au sol et l'autre pliée avec le pied posé à plat devant vous. Ce dernier protégera votre dos.

Glissez une main sous la tête/nuque/haut du dos de votre bébé et l'autre sous le bassin. Une fois bien positionnée, soulevez votre bébé. Ainsi porté, bébé est détendu, sans avoir à porter sa tête et à crisper son cou, car, à cet âge, le poids de sa tête est sans commune mesure avec la musculature de son cou.

1

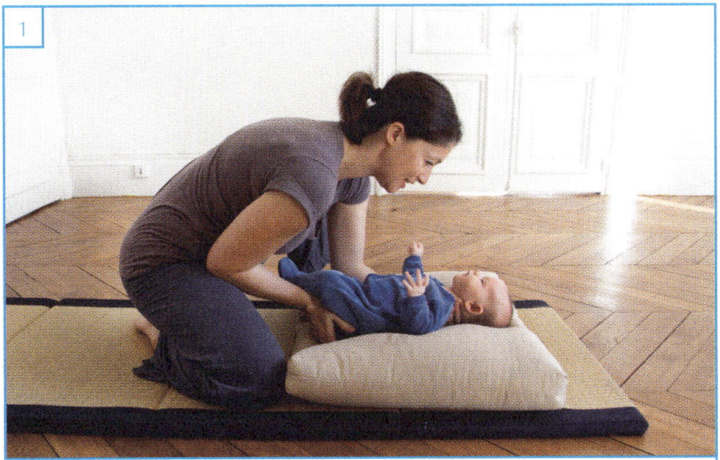

Glissez vos mains doucement sous sa nuque et son bassin avant de le soulever.

2

Quelles que soient les circonstances, que vous preniez ou que vous posiez votre bébé, pensez toujours à soutenir sa tête et son bassin.

4 ROULADE

Dès la naissance, vous pouvez tester cette autre façon « dynamique » de prendre bébé. Au fil des semaines, il va participer de plus en plus au mouvement et se soulever en même temps que vous le ferez rouler.

Placez une main sous son cou/tête/haut du dos et l'autre sur son thorax. Faites rouler bébé sur le côté et sur son épaule sans le soulever de terre, en poussant avec la main située derrière son dos.

Dès que votre bébé se retrouve en appui sur l'autre main située sous son thorax cette fois-ci –, glissez la main qui était derrière son dos sous ses fesses et terminez de relever bébé en le plaçant contre vous.

Si votre bébé est dans son premier mois, il penchera probablement sa tête vers le bas, il vous faudra alors la soutenir légèrement avec la main.

Plus votre bébé va grandir, plus il va soulever la tête et prendre part à la roulade. C'est une façon de lui montrer la voie de son premier déplacement : la roulade sur le côté, qu'il effectuera bientôt sans votre aide !

5 MASSÉ ET CHANGÉ SUR LE CÔTÉ

Le change se répète très souvent au cours des premiers mois. Autant adopter de bons réflexes dès le départ !

On connaît bien la position classique du bébé soulevé par les pieds, les fesses en l'air. Pourtant, il existe une autre façon de procéder, beaucoup plus douce et physiologique pour bébé.

Bébé est sur le dos. Déboutonnez son pyjama et enlevez les attaches de la couche. Roulez alors bébé sur le côté en tenant sa jambe.

Nettoyez ses petites fesses avec un coton (ou le bord de la couche), puis ôtez la couche en la roulant vers l'intérieur.

Bébé toujours sur le côté, repliez sa jambe et continuez la toilette. Placez une nouvelle couche à plat derrière ses fesses et faites-le rouler dessus, sur le dos.

Ajustez la couche, refermez-la, c'est fini !

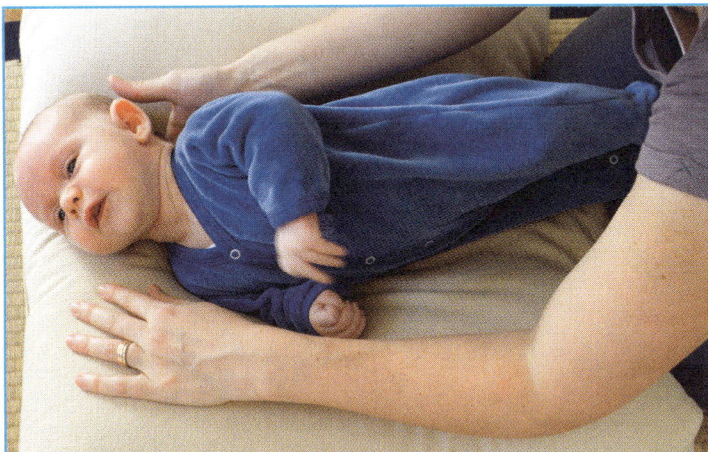

Vous pouvez aussi adopter cette position, de côté, pour masser votre bébé. Plutôt que de l'allonger sur le ventre – ce qu'il n'aime généralement pas beaucoup –, placez-le sur le côté pour masser son dos très simplement.

6 BÉBÉ SUR SA BRANCHE

C'est une posture intéressante pour aider bébé à mieux digérer, mais aussi pour le porter sans effort et en toute sécurité. Il faut éviter de la faire juste après une tétée ou le biberon car bébé peut régurgiter.

Placez votre bébé à califourchon sur votre bras, ventre contre votre avant-bras, sa tête au creux de votre coude, ses fesses dans votre main et ses jambes repliées.

Vous pouvez ainsi le tenir d'un bras sans effort, lui masser le dos ou le promenez partout. Si vous abaissez votre main, bébé peut même se retrouver légèrement redressé, le dos contre votre ventre.

Ainsi installé sur sa branche, bébé peut regarder autour de lui sans effort, la tête soutenue, le ventre au chaud, le dos détendu.

7 POSTURE DU FŒTUS

C'est une posture qui ressemble à celle qu'il avait dans le ventre, autant dire que c'est le bonheur pour lui ! C'est une posture rassurante car il est maintenu de toutes parts !

Bébé est placé sur le dos, repliez ses deux jambes croisées contre son ventre tout en observant sa réaction. Si votre bébé semble apaisé, rassemblez alors ses deux bras en attrapant ses deux mains et en les positionnant près de ses pieds.

Une autre manière de contenir bébé comme dans le ventre consiste à l'envelopper dans un tissu doux et large et à l'emmailloter doucement, tout en vérifiant qu'il apprécie la posture. Pour certains bébés agités ou ne trouvant pas le sommeil, c'est une vraie source d'apaisement.

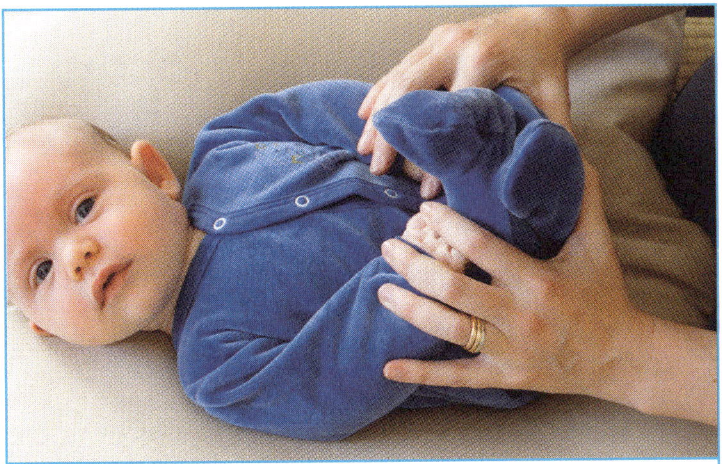

Ainsi transformé en petit baluchon, bébé se sentira en sécurité. Faites-le rouler de droite et de gauche très doucement tout en discutant avec lui.

8 POSTURE DIGESTIVE

Pour aider bébé à mieux digérer, installez-le les jambes repliées contre lui-même : ses genoux contre le ventre ou les jambes en tailleur (posture du fœtus) à la verticale, ce qui évitera aussi les régurgitations.

Tenez-le face à vous et prenez ses pieds dans une main, tandis que l'autre tient son dos et sa tête.

Remontez alors ses pieds le plus haut possible contre son ventre, soit en les gardant l'un contre l'autre, soit en les croisant.

Les jambes de bébé vont comprimer légèrement son ventre et faire un automassage salutaire. Vérifiez bien cependant que la couche n'est pas trop serrée, ce qui provoquerait l'effet contraire.

1

2

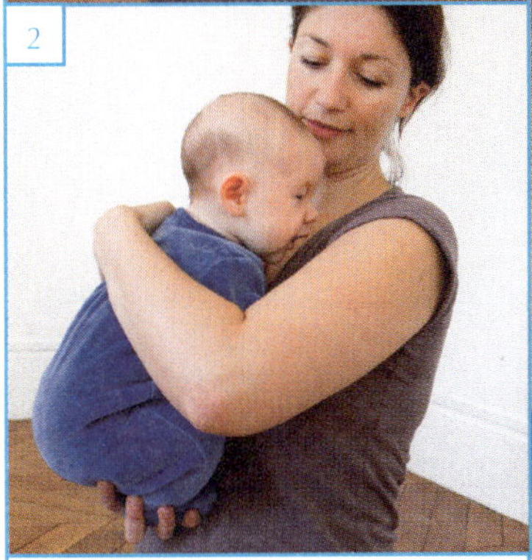

Placez votre main dans son dos et massez celui-ci doucement en dessinant de petits cercles (en particulier sur le bas du dos) pour réchauffer le bassin, ce qui activera la circulation et la digestion.

3

Vous pouvez aussi positionner bébé face au monde, son dos contre votre ventre, et replier doucement ses jambes.

9 L'ÉCHARPE COCON

Le portage en écharpe pour les premiers mois est le mode de locomotion idéal. Bébé retrouve les contours qu'il aime ; enveloppé de toutes parts, il peut s'abandonner totalement.

Privilégiez un portage face à face de telle sorte que bébé se sente en sécurité tout contre vous. Utilisez le portage double croisé enveloppé qui est le plus agréable pour bébé et son porteur et aussi le plus fiable.

- Déployez le centre de l'écharpe sur votre thorax et votre ventre, croisez les deux pans à l'arrière dans le dos, puis passez les deux pans par-dessus les épaules. Glissez bébé dans la poche de devant ainsi formée.

- Les jambes de bébé sont repliées contre son ventre, soit parallèles, soit écartées sur le côté (en grenouille, mais pas trop !), soit en lotus, le tout enveloppé dans le tissu. Resserrez le tissu par les deux bords de l'écharpe pour qu'il ne bâille pas.

- Croisez les deux pans sous ses fesses. Faites un nœud par-derrière en serrant bien.

• Le papa peut démarrer le portage dès la naissance. La maman doit attendre un mois !

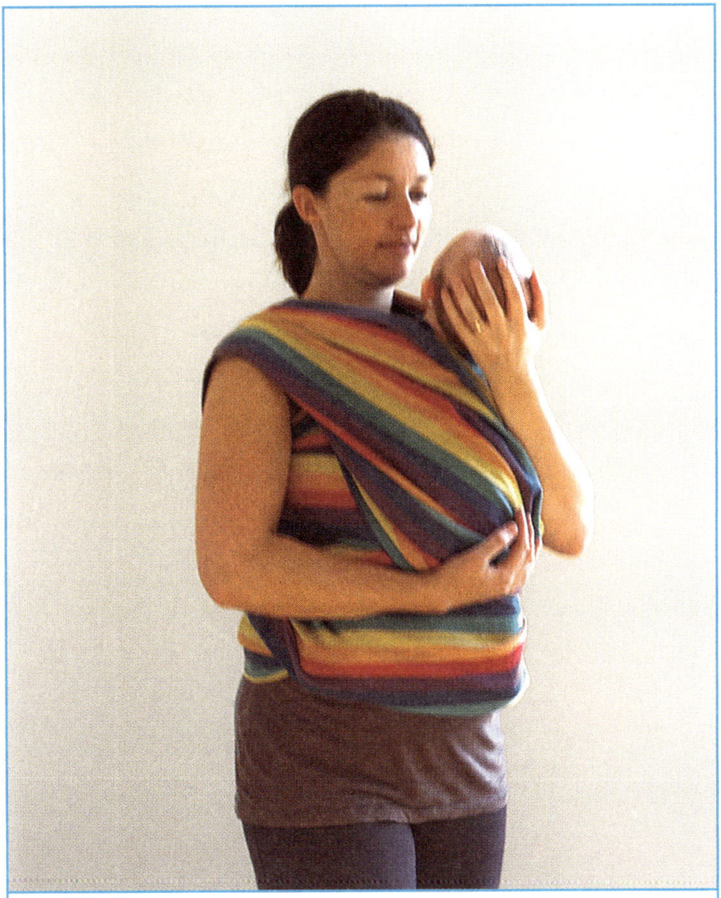

Lorsque bébé veut dormir, sa tête va se reposer sur l'un des pans, en diagonale. S'il se met à regarder de tous côtés, c'est qu'il est temps de passer au portage face au monde.
Faites confiance à votre bébé, il sait ce qui est bon pour lui !

10 COCON CÂLIN

C'est une posture de relaxation et de méditation avec bébé contre vous. Tout votre dos est porté et enveloppé. Vous allez comprendre ce que ressent votre bébé quand vous le portez en écharpe !

Pour cette posture, il faut prévoir un chèche ou un paréo assez long. Placez-vous en tailleur à même le sol ou sur un canapé, entourez-vous du tissu tout en soulevant un peu les genoux. En fonction de votre souplesse, nouez le tissu devant vous. Ajustez le bord juste au-dessus des genoux.

Étalez-le sur toute la surface du dos et laissez retomber vos genoux. Prenez votre bébé dans vos bras et détendez-vous.

Le tissu forme un cocon qui tient simultanément le dos et les genoux, vous autorisant à ne plus faire aucun effort si ce n'est de tenir votre bébé, puisque vous pouvez glisser le tissu jusqu'en haut de votre dos et vous emmailloter littéralement. Le bonheur de se laisser porter, tout simplement !

11 JAMBES SUR COUSSIN

Idéale pour se détendre tout en s'étirant, cette posture inversée est sans danger pour le périnée. Elle est très agréable pour le bassin, les jambes et la circulation.

Installez-vous sur un matelas au sol près d'un canapé ou de coussins.

Roulez sur le dos et placez un coussin sous les fesses de telle sorte que le bassin bascule, soulageant les lombaires.

Détendez vos jambes en papillon (genoux écartés, pieds assemblés) ou gardez-les posées par-dessus les coussins ou sur le canapé. Vous pouvez serrer tout doucement le périnée dans cette posture qui vous aidera à ressentir la fermeture du bassin, du thorax, tout en allégeant le périnée.

Bébé peut rester à côté de vous ou s'installer sur votre ventre en travers. Tenez-le d'une main si nécessaire. Et laissez la posture travailler pour vous !

12 PIEDS AU MUR

Cette posture (à pratiquer sans votre bébé !) est très agréable à effectuer lorsque le bassin a beaucoup travaillé pendant l'accouchement. On a en effet souvent une sensation d'ouverture du bassin vers l'arrière, et l'envie de le refermer.

Installez-vous sur le dos, sur un tapis ou dans votre lit (l'idéal), jambes tendues face à un mur, inclinées de 30° à 45° par rapport à l'horizontale, vos pieds posés bien à plat contre le mur. Placez un coussin sous les fesses, puis tendez vos jambes en poussant légèrement le mur.

Votre bassin bascule en rétroversion (le pubis remonte vers le haut, le bassin roule vers l'arrière en atténuant la cambrure des lombaires).

Le poids du corps et l'appui des pieds sur le mur vous aident à refermer doucement le bassin. Vous pouvez resserrer le périnée dans la foulée.

Pour renforcer la sensation d'allongement, étirez vos bras vers l'arrière comme un bébé qui s'étire, puis relâchez toutes les tensions et laissez travailler le coussin qui fait basculer le bassin en rétroversion.

13 RELAXATION ÉTIREMENT

Après l'accouchement, on ressent souvent le besoin de renouer avec son ventre. Cette posture sur le dos, par la pression des cuisses sur le ventre, vous aidera à ressentir non seulement la respiration abdominale, mais aussi le périnée, en douceur et sans danger.

Sur le dos, repliez vos jambes l'une après l'autre contre votre ventre le plus doucement possible – placez éventuellement un coussin sous les fesses pour surélever légèrement le bassin –, puis saisissez vos genoux.

Vous sentez la respiration du ventre contre les cuisses, ainsi que la pression légère exercée sur le périnée pendant l'inspiration.

Vous pouvez aussi écarter les genoux en croisant les chevilles si vous voulez laisser le ventre libre.

1

Vous pouvez garder les genoux dans les mains ou les relâcher et poser vos mains sur le ventre. Le coussin au ras des fesses devrait vous aider à garder la position sans solliciter le ventre.

2

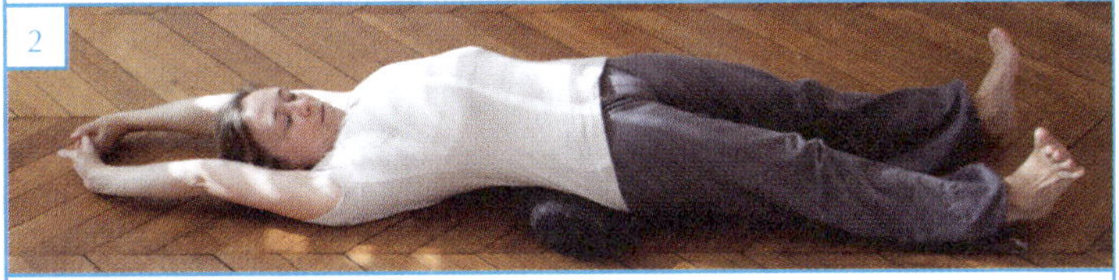

Allongez une jambe, puis l'autre, le plus doucement possible et étirez-vous de tout votre long, les orteils en éventail.

14 LE COCON OU LA POSTURE DE L'ENFANT

Cette posture est parfaite pour détendre le dos. Elle relâche aussi les tensions du périnée lorsque vous l'avez trop sollicité par exemple, lors d'une marche trop longue.

Face à votre bébé, ramenez vos jambes repliées sous votre corps – les tibias et les genoux éventuellement sur un coussin si vos chevilles sont sensibles et manquent de souplesse.

Puis allongez-vous sur vos cuisses en cherchant à amener la poitrine le plus loin possible vers l'avant.

Laissez retomber la tête vers le bas, sur un coussin si nécessaire, près de votre bébé.

Laissez tomber vos bras de part et d'autre de votre corps, les épaules ballantes, le dos arrondi.

Le ventre est comprimé par les cuisses, ce qui crée une respiration artificielle sur la taille, dans le dos, et plus particulièrement au niveau des lombaires, mais aussi entre les omoplates puisque le poids des bras vient étirer le haut du dos. Soulevez légèrement les fesses si vous souhaitez soulager le périnée.

Savourez la détente musculaire. Sentez les lombaires, les cervicales, la cage thoracique, le bassin et le périnée qui « respirent » sous l'effet de la pression.

15 POSTURE DE L'ENFANT QUI S'ÉTIRE

Cette posture est très apaisante et vous aide à renouer avec le dos, mais aussi avec le ventre, qui s'étire lui aussi et bouge activement et librement pendant la respiration.

Les jambes sont repliées, genoux écartés, pieds rassemblés. Étirez vos bras vers l'avant, le ventre respire librement, le dos est libéré. Vous pouvez resserrer le périnée et basculer le bassin pour verrouiller le bas du corps. Vérifiez bien que le dos n'est pas courbé, mais bien étiré sans tension. Si vous ressentez un pincement, ajoutez un coussin sous la poitrine et le ventre (même un pouf, le bord d'un canapé, voire un ballon, feront l'affaire).

Si nécessaire encore, placez des coussins sous les genoux et les tibias pour vous protéger.

Cette posture peut aussi se faire au bord du lit, les pieds dans le vide.

Si l'ouverture des genoux est trop grande et que cela étire trop le bassin, rapprochez légèrement les genoux. Montez les fesses plus ou moins haut suivant votre ressenti.

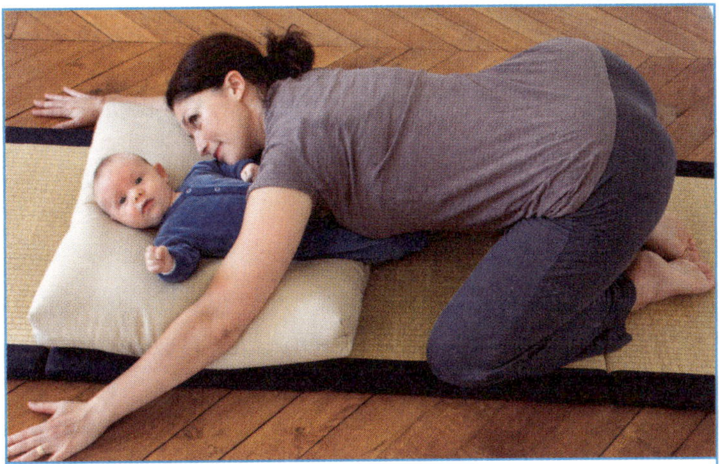

Reposez-vous, visualisez l'air qui entre par vos doigts,
se propage le long des bras puis de la colonne vertébrale.
Posez votre tête près de votre bébé.

16 LE CHAT CHATOUILLE

C'est un grand classique du yoga, d'une efficacité sans pareille pour soulager un dos endolori ou des cervicales fatiguées. Tout le dos respire, du bassin jusqu'à la tête.

Positionnez-vous à quatre pattes. Posez votre bébé devant vous, entre vos deux mains.

Sur l'expiration, repoussez le sol, avancez les épaules, avancez légèrement le pubis vers l'avant pour effacer les fesses et basculer le bassin en rétroversion.

Serrez le périnée, laissez tomber votre tête pour faire respirer les cervicales, sentez l'espace entre vos omoplates. Faites de petits balayages avec vos cheveux sur bébé.

Sur l'inspiration, posez vos avant-bras au sol comme des ventouses, pointez les fesses en arrière près des talons, sans trop cambrer pour autant, rapprochez vos omoplates, éloignez vos épaules vers l'arrière pour dégager la poitrine, le cou et la tête qui se relève.

1

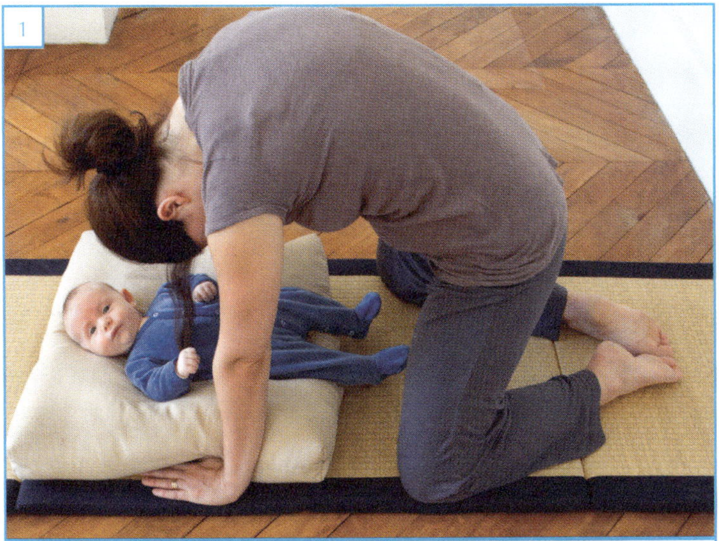

2

Terminez en faisant un bisou ou des chatouilles à votre bébé. Dos rond, dos creux, recommencez autant que nécessaire et tant que bébé rit !

17 LE HÉROS

Au moment de s'équiper pour accueillir bébé, on pense toujours qu'une table à langer est absolument nécessaire, mais, les premiers temps, si bébé partage votre lit (sur un matelas approprié), il est beaucoup plus simple que le grand lit soit aussi l'espace du change !

C'est plus sûr pour bébé et moins fatigant pour vous. Prévoyez donc des couches, des cotons et de l'eau chaude (un petit Thermos fera très bien l'affaire) juste à côté du lit et adoptez cette posture du héros (loin du bord, cela va de soi !) pour le changer. Ce sera aussi une posture privilégiée lorsque bébé se mettra assis !

Placez une jambe repliée devant, le pied contre la cuisse, près du pubis, une autre derrière – le pied collé aux fesses. Ce ne sera pas votre dos qui « travaillera », mais vos hanches qui s'assoupliront par la même occasion.

Une jambe pliée devant, une jambe pliée derrière, penchez-vous vers l'avant et étirez votre dos sans le courber. Cela peut aussi être une posture pour masser votre bébé, jouer avec lui ou l'habiller. Vous venez de gagner en place et en énergie.

18 LE CROCODILE

Après l'accouchement, vive les postures sur le ventre ! Après des mois sur le dos ou sur le côté, quel bonheur de se retrouver enfin à plat ventre

Placez-vous sur un tapis, jambes légèrement écartées, d'abord sur les coudes comme si vous cherchiez à ramper pour étirer la colonne vertébrale, puis relâchez le haut du corps, en suspension légère.

Posez votre tête sur les avant-bras, relâchez les cervicales.

Respirez doucement en ressentant la propagation du souffle dans votre corps. La pression de l'air dans les poumons provoque une sorte de vague qui va s'étendre jusqu'au périnée. Resserrez-le doucement lorsque vous inspirez, comme si vous vouliez lutter contre la pression, puis relâchez à l'expir, doucement.

Sentez votre ventre, légèrement comprimé, « massé » par la respiration, sentez votre bassin se soulever comme s'il respirait, sentez votre périnée « respirer ». Ne forcez surtout pas sur l'inspir, mais ressentez votre bassin qui s'oxygène tranquillement sans effort de votre part.

19 LE SPHINX COBRA

Cette posture étire le dos, masse le ventre en douceur, combat la cyphose (le dos rond) souvent inhérente à l'allaitement et au portage, renforce et étire le dos.

Allongée sur le ventre, les jambes légèrement écartées, pliez les bras en ramenant les coudes à l'aplomb des épaules, ou près du corps, et appuyez sur les avant-bras comme si vous vouliez ramper vers l'avant.

Dégagez la nuque et relevez la tête de telle sorte qu'elle soit dans le prolongement de la colonne vertébrale. Ressortez la poitrine vers l'avant, baissez les épaules, dégagez le cou et regardez face à vous ou vers votre bébé.

Pour contribuer à ouvrir la poitrine, croisez vos doigts derrière le dos, tendez vos bras et soulevez légèrement le haut du corps sans forcer ni sur le ventre, ni sur les lombaires. Reposez doucement vos bras et votre tête à côté de bébé après ces exercices, et détendez-vous !

1

2

Soulevez légèrement le haut du corps, pliez ou étirez les bras.

3

Quand vous aurez terminé la rééducation périnéale, vous pourrez soulever légèrement le pubis du sol, tout en basculant et en rentrant le bassin, pour renforcer le ventre. Enfin, vous pourrez étirer vos bras vers l'arrière.

3+

ÉTIREMENTS ET BERCEMENTS

POUR LA MAMAN

Le corps a retrouvé plus de force et de tonicité, la rééducation périnéale a été effectuée ou est en cours. Mais la fatigue des premières semaines — dos endolori par le portage, sommeil perturbé — pèse lourdement sur le corps.

Toutes les postures pour soulager le dos, étirer la colonne vertébrale, rouvrir la poitrine, soulager les trapèzes (losange musculaire dans le haut du dos), les cervicales et combattre la cyphose (dos rond) qui pointe le bout de son nez sont les bienvenues. Il faut aussi trouver des astuces pour ménager votre dos et économiser votre énergie.

On peut aussi commencer à resserrer le ventre, les côtes, le bassin de façon plus active.

Les postures peuvent être plus physiques, même s'il faudra toujours penser au périnée, le resserrer systématiquement, en particulier lorsque vous saisissez ou portez bébé, d'autant que ce dernier a pris beaucoup de poids ces derniers temps et qu'il est encore loin d'être autonome. On privilégiera donc les postures inversées, ou au sol, qui permettent de relâcher les tensions, de tonifier le corps sans danger pour le périnée.

À cette période, bébé est souvent au sol car il amorce ses premiers déplacements : vous veillerez donc à le rejoindre sur le tapis ou le parquet pour pouvoir jouer, discuter, le masser, le changer, le bercer… tout en protégeant votre dos, et en vous assouplissant par la même occasion Tout un programme !

POUR LE BÉBÉ

Bébé commence à s'ouvrir franchement au monde qui l'entoure. Il voit maintenant très bien, commence à explorer son corps, son environnement. Il découvre qu'il peut bouger et changer sa vision du monde, non seulement grâce à vous et à vos bras, mais aussi grâce à ses propres mouvements.

Toutes les postures qui l'aideront à redresser le haut du corps sont idéales car elles l'aident à passer de la position sur le dos à une position sur le ventre qui sera la base de tous ses déplacements futurs : il va rouler, se retourner, tourner en toupie sur le ventre, reculer, ramper, se soulever du sol et marcher à quatre pattes pour enfin se tenir assis.

Toutes ces étapes sont primordiales, il ne faut pas en brûler certaines — par exemple, mettre assis un bébé avant qu'il n'ait suffisamment d'équilibre et ne sache se rattraper tout seul avec ses bras.

C'est une phase d'intense frustration car il sent ses forces gagner du terrain sans forcément trouver la solution immédiate pour se déplacer comme il le voudrait. Bref, bébé a encore bien besoin de vos bras, mais il cherche activement à s'en échapper.

Il est temps de le mettre face au monde, de lui montrer la voie sans le pousser, de l'aider sans l'assister, de le réconforter dès qu'il le demande et de le bercer dans toutes vos positions de yoga. C'est aussi le meilleur moment pour le massage, qui va lui donner la mesure de son corps tout en l'apaisant.

20 LA FIGURE DE PROUE

Peu de bébés aiment immédiatement la position sur le ventre car elle leur demande beaucoup trop d'efforts au niveau des cervicales pour arriver à porter leur tête.

Pour éviter de trop solliciter celle-ci, il faut simplement veiller à relever le haut du corps de bébé et à l'incliner. Ainsi, sa tête s'alignera plus facilement et bébé la relèvera facilement.

Pour aider bébé à adopter cette position, vous pouvez placer un coussin ou vos bras sous son thorax en lui faisant passer ses bras par-dessus. Vous pouvez aussi le poser sur vos genoux, votre ventre ou toute autre partie du corps qui lui permettra de se relever sans effort à partir du thorax. C'est aussi une excellente position pour lui masser le dos.

La plupart des postures suivantes montrent bébé dans cette position de la figure de proue.

1

Une main sous les fesses, un bras sous son thorax, bébé se redresse fièrement.

2

Il appréciera de plus en plus la posture sur le ventre et pratiquera bientôt le cobra tout seul !

21 LE DEMI-PONT

Oxygéner le haut du dos, renforcer le ventre, étirer le dos sont des besoins importants à cette période où bébé commence à peser plus lourd. Cette posture répond à ces trois besoins à la fois sans risque pour le périnée car elle est inversée.

Allongée sur le dos, placez vos pieds au sol ou sur un support, jambes pliées, bassin sur un coussin s'il est encore sensible.

Soulevez doucement votre bassin après avoir placé votre bébé soit sur vos genoux (sur le ventre ou le dos), soit en travers de votre ventre.

Balancez bébé de droite à gauche tout en le maintenant au niveau des fesses, basculez le bassin autant que possible.

Puis déposez votre bassin lentement en étirant la colonne vertébrale et en rapprochant votre bassin de vos talons comme des ventouses, sans déplacer pour autant vos épaules.

Allongez alors les deux jambes l'une après l'autre et étirez-vous de tout votre long.

Sentez la colonne s'aligner, le corps se resserrer, se tonifier sans pour autant être sous pression. Quant à bébé, sur la rampe de lancement de vos jambes, il est prêt à décoller !

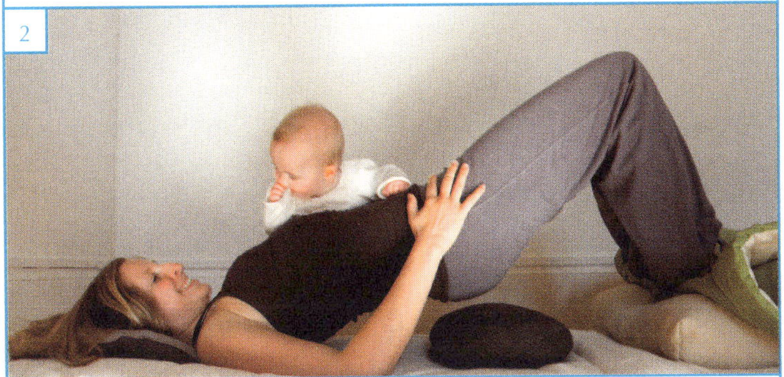

Bébé en travers de votre ventre peut relever fièrement sa tête. Bercé, il sera comme un capitaine sur un navire qui tangue.

22 LE PONT SUSPENDU

Cette variante du pont va vous aider à tonifier le corps en douceur, des talons jusqu'aux cervicales, à inverser la cyphose, à soulager le haut du dos, à tonifier le bassin et le ventre. Elle fait partie des postures inversées et ne sollicite donc pas le périnée. Bébé va encore adorer grimper sur votre ventre.

Allongez-vous sur le dos, avec un coussin sous le bassin (pour l'atterrissage), près de gros coussins ou d'un canapé.

Placez vos jambes sur ce support. Plus le support est éloigné et haut, plus la posture sera tonique : ainsi, si vous posez vos talons sur le canapé, il faudra soulever le corps de façon plus tonique que si vous aviez posé vos cuisses sur un coussin !

Posez votre bébé en travers de votre ventre en le tenant par le bassin. Soulevez alors tout le corps, du support jusqu'aux cervicales. Le haut du dos, le bassin, les jambes décollent du sol et forment un « arc-boutant » au-dessus du sol.

Pour redescendre, basculez bien le bassin pour l'amener loin des épaules et bien étirer la colonne vertébrale.

1

Décollage : le corps se soulève et s'arc-boute au-dessus du sol, bébé décolle.

2

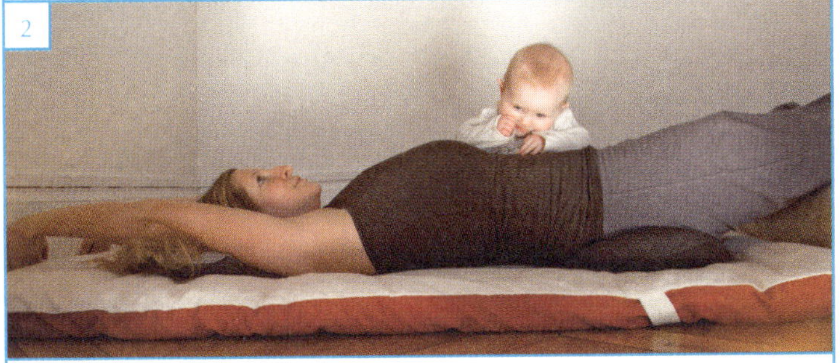

Atterrissage : posez votre bassin doucement loin des épaules et étirez-vous de tout votre long en poussant sur un mur à l'arrière.

23 JAMBES EN L'AIR

C'est une excellente posture pour stimuler la circulation, réveiller les jambes le matin ou jouer avec bébé.

Couchée sur le dos, placez un coussin sous le bassin, puis repliez vos jambes contre vous.

Étirez tout d'abord une jambe à la verticale, en tenant un genou dans une main, puis étirez la seconde. Pliez-les un peu si vous sentez que vos abdominaux se contractent, ce qu'il faut éviter. Le coussin va vous y aider. Petit plus : enfouissez votre tête dans un coussin en rentrant le menton. Poussez sur vos talons vers le ciel, les orteils vers vous, étirez vos bras en arrière si bébé n'est pas avec vous !

Dessinez de petits cercles avec les chevilles, de petits pédalages en pliant alternativement une jambe, puis l'autre, ou seulement les pieds.

Terminez en repliant vos jambes contre vous, les genoux dans les mains.

Si bébé est réveillé, placez-le contre vos jambes. Vous pouvez aussi le soulever dans les airs comme un petit avion.

24 LE TOBOGGAN

La chandelle est une posture inversée qui aligne le corps, le dos et renforce la sangle abdominale. Voici une variation intéressante et simplifiée, le toboggan (ou la demi-chandelle), à laquelle bébé pourra participer activement.

Couchée sur le dos, sur un matelas ou sur un tapis molletonné, rapprochez-vous d'un mur ou d'un canapé de telle sorte que, pieds posés, vos jambes soient inclinées à 30-40° du sol.

Placez un coussin sous vos fesses et posez votre bébé sur votre ventre.

Tendez vos jambes en basculant le bassin et soulevez alors les fesses doucement sans forcer, placez vos bras autour de bébé et « grimpez » sur vos épaules en gonflant la poitrine. Vous pouvez décoller une jambe, puis l'autre, en alternance.

Posez ensuite votre bassin sur le coussin, vertèbre après vertèbre, le plus doucement possible, en repliant une jambe contre vous pour protéger vos lombaires.

1

Montez le bassin et alignez la colonne vertébrale selon votre envie. Bébé adorera ce toboggan.

2

Tendez une jambe vers le ciel et dessinez des cercles avec la cheville – la plier est aussi très agréable.

3

Une fois le bassin posé, restez ainsi sans tension, une jambe repliée.

25 L'AVION

C'est une posture facile et agréable pour la maman comme pour le bébé, qui aime être bercé. Elle aide bébé à relever la tête et le haut du corps sans effort grâce à la position perchée sur les jambes, comme un avion. Elle est idéale aussi pour bien ressentir le périnée et le faire travailler sans danger.

Allongez-vous sur le dos, jambes pliées contre votre ventre. Puis installez bébé à plat ventre, sur vos tibias. Il regarde vers vous, vous tenez fermement son dos ou ses fesses.

Bercez-le à droite et à gauche, montez puis descendez les jambes, de haut en bas, d'avant en arrière. Attention à ne pas effectuer cette posture si bébé vient de manger !

Le poids de bébé vient plaquer votre dos et votre bassin au sol. Pensez à bien étirer la nuque, à garder la tête collée au sol ou contre un coussin pour ne pas solliciter les cervicales.

Bébé adorera être bercé de droite à gauche, de haut en bas, d'avant en arrière, comme s'il voyageait en avion !

26 ABDOS TOUT DOUX

Pour renforcer les bons abdominaux – en particulier le transverse et pas les grands droits –, il est important de bien se positionner pour éviter de solliciter les lombaires.

Allongez-vous sur le dos, jambes repliées contre vous comme précédemment, les genoux dans les mains.

Placez un coussin sous les fesses, à la limite des cuisses pour garder le bassin en place et éviter la cambrure pendant la posture, puis gardez un genou dans les mains et étirez une jambe doucement dans le vide. Le pied est à 5 cm du sol, la cheville fléchie. L'effet balancier de la jambe vient solliciter le ventre qui doit être dur et plat au toucher, les côtes se resserrent aussi.

Pour terminer, repliez les deux jambes contre vous et détendez-vous. Respirez bien avec le ventre et changez de côté.

1

Étirez bien la jambe en poussant sur le talon et votre nuque, en rentrant le menton et en poussant la tête en arrière et dans le sol (ou le coussin).

2

Pour aller plus loin, vous pouvez lâcher le genou, placer vos mains derrière la nuque tout en gardant la jambe tendue dans le vide. La sensation est plus intense, le ventre se gaine sans danger et reprend sa place d'origine. Posez la jambe au sol si vous sentez que cela tire trop le ventre.

27 LE POISSON

Cette posture est parfaite pour soulager à la fois le dos rond et le creux des reins, dus au portage ou à l'allaitement.

Toute votre colonne vertébrale s'aligne dans un même mouvement. Cette posture qui ne paie pas de mine est un véritable trésor pour peu que vous en compreniez le principe !

Allongez-vous à plat, dos sur un tapis ou un matelas de yoga.

Glissez vos deux mains sous les fesses, l'une après l'autre, paumes de mains tournées vers le sol comme des ventouses, puis tendez vos bras tout en reculant comme si vous rampiez vers l'arrière, seules les mains restent en place.

Effacez vos fesses à l'aide des avant-bras, de façon à basculer le bassin en rétroversion (pubis vers le haut).

Poussez vos épaules dans le sol pour faire ressortir la poitrine tout en étirant la nuque, menton rentré. Le thorax doit décoller du sol.

1

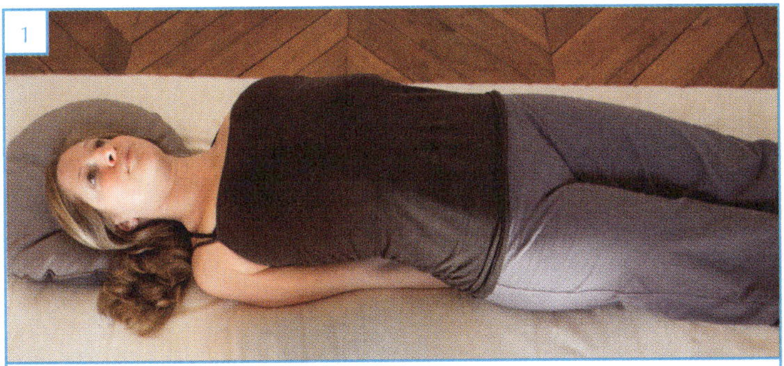

Reculez tout en bombant le torse et en tendant progressivement les bras sous les jambes.

2

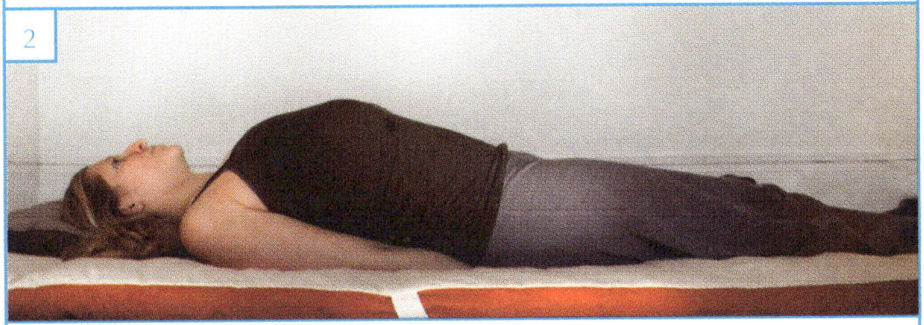

Tout le corps est en étirement. Le bassin et le ventre s'effacent le dos rond et le creux des reins disparaissent.

28 TORSADE

Cette posture est un véritable bain de jouvence pour votre dos et votre ventre. Digestion et respiration sont renforcées. Le ventre en torsion se renforce dans ses obliques.

Couchée sur le dos, les jambes repliées contre vous, placez un coussin sur le côté. Placez vos bras pour former une croix de part et d'autre du corps, les paumes de mains tournées vers le sol.

Sur l'expir, serrez le ventre et laissez tomber les genoux réunis sur le coussin tout en appuyant sur le sol à l'aide des bras pour obliger le thorax et le haut du dos à rester collés au sol.

Vos épaules ne doivent pas décoller du sol. Si c'est le cas, ajoutez un coussin sous les jambes. Une fois installée, relâchez le ventre et laissez-vous porter par le sol et le coussin, respirez profondément avec votre ventre.

Remontez bien les genoux afin d'éviter de cambrer et de mettre les lombaires en pincement. Revenez comme vous êtes venue sur l'expir, les bras en croix, le ventre serré.

Étirez-vous de tout votre long quelques instants avant de changer de côté.

Vous pouvez placer votre bras opposé à la torsion au-dessus de la tête, replié. Avec l'autre main, vous pouvez attraper votre genou – si toutefois bébé ne vous a pas rejointe entre-temps ! Détendez-vous et savourez la respiration ventrale et vertébrale qui effectue un réel drainage-essorage, une vraie régénération – bébé va vous aider à mieux ressentir votre respiration grâce à son (petit) poids.

29 LA PINCE AU SOL

Cette posture étire la colonne vertébrale et soulage tout le haut du dos, les cervicales et les lombaires, très sollicités par le portage de bébé.

Asseyez-vous sur le sol et repliez vos jambes à moitié devant vous, tout en relevant la pointe des pieds. Saisissez les orteils et relevez le buste le plus haut possible sur les cuisses.

Inspirez puis, sur l'expiration, abaissez la pointe des pieds comme si vous appuyiez sur une pédale tout en tenant vos orteils.

En même temps, abaissez le corps sur les cuisses et reposez la tête sur les genoux. Ajustez la position des pieds pour que cela soit confortable (plus vous êtes souple, plus vous pourrez déployer vos jambes vers l'avant).

Restez ainsi en continuant à respirer amplement et en dirigeant votre souffle dans tout le dos, des cervicales jusqu'au bassin.

Prenez le temps de respirer une quinzaine de fois.

Pour quitter la posture, posez vos mains au sol et reculez en utilisant vos bras comme soutien. Revenez à la position verticale pour le dos et étirez vos bras en l'air.

1

Sur l'inspir, redressez le dos et remontez la poitrine le plus haut possible sur les cuisses.

2

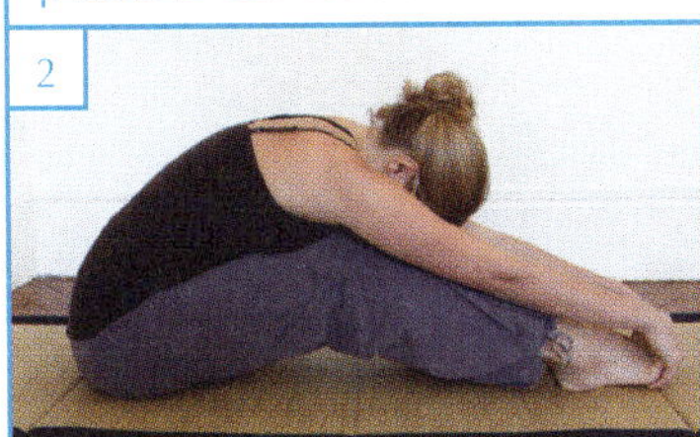

Respirez profondément en vous concentrant sur le dos, les cervicales et le poids de la tête.

3

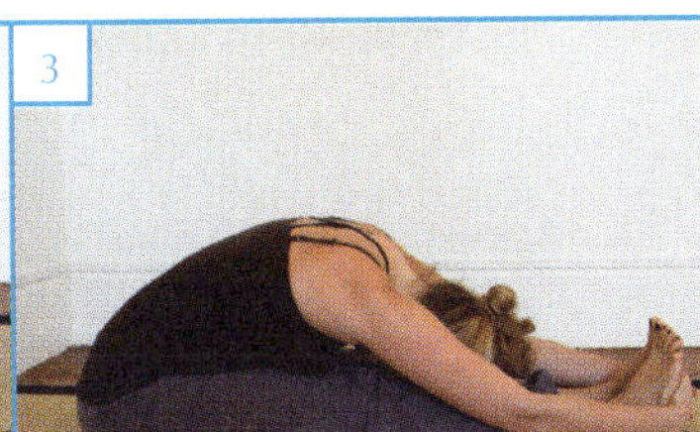

Si vous êtes souple, vous pourrez peut-être tendre les jambes et terminer en pince. Attention, le corps doit être « scotché » aux cuisses et aux jambes sans laisser de « trou ».

30 LA PINCE PENCHÉE

Vous pouvez adapter la posture précédente en vous tenant assise sur un canapé ou sur une chaise. La principale différence est que les cervicales sont alors étirées naturellement par le poids de la tête. Le dos vient s'allonger sans effort grâce à la gravité.

Pour tirer parti de la gravité au maximum, sans fatiguer les jambes pour autant, vous pourrez adopter cette posture debout en appuyant les fesses contre un mur, les pieds bien plantés au sol (sans chaussettes pour ne pas glisser).

Vous êtes debout, les pieds éloignés du mur de 30 cm environ, le dos aligné contre le mur. Étirez vos bras le long du mur au-dessus de la tête.

Inclinez-vous – dos droit – vers l'avant et poussez sur le mur avec vos mains de part et d'autre. Continuez à abaisser le haut du corps.

Déposez, tour à tour, votre ventre, votre thorax puis votre tête sur les jambes et les genoux. Pendant cette manœuvre, il est préférable de légèrement plier vos jambes plutôt que de vouloir les tendre et arrondir trop le dos. Gardez bien le corps et le ventre collés aux cuisses pour protéger la colonne vertébrale.

1

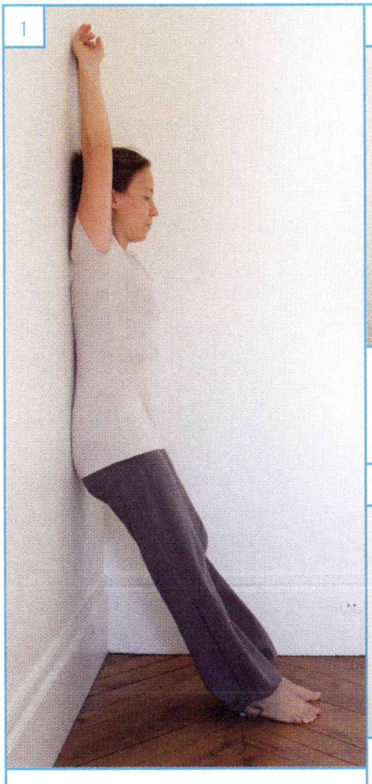

Le dos s'aligne et s'étire loin vers le ciel, inspirez.

2

Expirez en descendant et en amenant le thorax vers l'avant, poussez avec les mains.

3

Laissez « couler » votre dos vers le bas, la tête et les bras ballants et détendus.

31 LA CHAISE

Cette posture est intéressante lorsque vous voudrez prendre votre bébé ou le poser sur le sol, tout en ménageant votre dos. Elle renforce le ventre, le bassin, les cuisses et vous donne des idées pour porter votre bébé sans trop d'effort, son poids étant réparti sur vos genoux.

Commencez debout, les jambes écartées de la largeur du bassin, bébé dans vos bras, face au monde, une main sous les fesses, l'autre sous son sternum, ou les bras autour de son ventre.

Pointez les fesses en arrière comme si vous alliez vous asseoir et posez votre bébé sur vos genoux, vos jambes pliées à moitié. Restez dans la position, le corps penché vers l'avant, le dos droit, tout en prenant appui sur vos jambes qui se renforcent.

Serrez le périnée et tenez le ventre et le bassin pour ne pas cambrer. Faites attention quand vous quittez la posture, basculez bien le bassin vers l'avant (rentrez les fesses) et remontez avec la force des cuisses, votre bébé tout contre vous.

Bébé est posé sur vos genoux, face au monde, prêt pour l'aventure.

32 LA PINCE BÉBÉ

Cette posture montre à quel point s'occuper de bébé, loin d'être un frein, est l'occasion de s'étirer encore plus.

Commencez debout, les jambes jointes, avec bébé dans vos bras, une main sous les fesses, une main sous le sternum, puis descendez doucement vers l'avant, bébé le plus proche de vous.

Pliez vos jambes et pointez les fesses en arrière, dos droit. Poursuivez vers le bas, pendant que les fesses montent vers le haut, et laissez glisser bébé vers le sol, sans l'y poser pour autant, en repliant bien vos bras sous son ventre et son thorax.

Ne tendez pas complètement les jambes, mais gardez le ventre collé aux cuisses et verrouillez le périnée. Laissez « tomber la tête » pour détendre les cervicales.

Si votre force et votre souplesse le permettent, relevez le buste et tendez les jambes de façon à avoir le dos droit. C'est l'arrière des jambes qui tire !

Posez bébé sur le sol comme un avion, sur le ventre, puis rejoignez-le et détendez-vous en posture de l'enfant (les genoux repliés sous le corps).

1

Le ventre collé aux cuisses, les jambes légèrement pliées, le dos est protégé, et la posture facile. Ressentez alors le poids de votre bébé comme un facteur supplémentaire d'étirement pour le dos.

2

Si vous êtes assez souple, étirez les jambes, travaillez le dos droit, les fesses pointées en arrière, et bercez votre bébé.

33 LE RUGBYMAN

Cette posture est très intéressante car elle vous permet de porter et de bercer bébé sans contrainte pour le dos pendant que vos jambes, elles, se renforcent. C'est pour cela qu'elle est fort appréciée des rugbymen au repos.

Bébé est dans vos bras face au monde. Écartez vos jambes en triangle, les pieds ouverts à 45° sur le côté.

Pliez vos jambes à moitié et penchez-vous en avant en pointant les fesses en arrière, le dos droit, les genoux dans le prolongement des pieds, et venez poser vos coudes sur vos genoux, bébé porté par vos avant-bras.

Le dos doit être droit et presque à l'horizontale, les fesses comme posées sur une chaise (vous pouvez même vous asseoir sur un canapé !).

Mettez tout le poids du corps sur vos coudes, donc sur vos jambes. Vous pouvez alors vous balancer de droite et de gauche, bébé suspendu dans le vide, accroché à vos bras comme un joli ballon de rugby.

Bercez bébé de droite à gauche. Laissez-le admirer le paysage tranquillement perché sur son arbre.

34 LA MAMAN MOBILE

Bébé appréciera cette posture car vous deviendrez alors un mobile de choix dès qu'il sera sous ce toit improvisé !

À partir de la posture précédente (le rugbyman), posez bébé sur le sol en pliant bien les jambes et en étirant votre dos (pliez au niveau des hanches, pas des lombaires !).

Vous allez servir de mobile à votre bébé. Étirez les jambes selon votre souplesse, verrouillez le périnée et posez vos bras de part et d'autre de bébé, assez loin de vos pieds.

Étirez-vous, poussez sur les bras pour protéger et soulager votre dos. Votre colonne ne doit pas se courber, mais rester bien droite. Regardez votre bébé et jouez avec lui, tout en vous étirant au-dessus de lui.

Balancez-vous d'avant en arrière, à droite et à gauche, et si votre souplesse vous l'autorise, pliez vos jambes jusqu'à faire un bisou à votre bébé !

35 LA BALANÇOIRE

Voici une autre manière de bercer bébé tout en s'étirant. La fente avant (ou le « guerrier ») assouplit et renforce les jambes en même temps. Bébé va ajouter une petite dose de difficulté.

Vous êtes assise à genoux, bébé dans vos bras, sur un tapis. Relevez-vous sur les genoux, puis dégagez la jambe droite (ou gauche) vers l'avant, la plante de pied bien à plat.

Posez votre bébé sur vos genoux. Selon votre souplesse, avancez votre pied droit vers l'avant de sorte que votre genou soit à l'aplomb de votre cou-de-pied.

Trouvez votre point d'équilibre, puis balancez-vous d'avant en arrière, votre bébé face au monde ou face à vous, à califourchon sur votre jambe.

1

Préparez-vous à avancer la jambe, serrez le ventre et basculez le bassin, bébé soulevé dans les airs.

2

Balancez-vous d'avant en arrière ou restez vers l'avant sans bouger pour augmenter l'étirement.

36 LE BAISER ÉTIRÉ

Voici comment augmenter les effets de la posture précédente et profiter de l'appui du pied pour travailler le dos sans danger.

Partez de la posture précédente (la fente). Posez bébé devant vous sur un tapis ou un coussin. Une jambe pliée devant vous, l'autre jambe en étirement à l'arrière. Éventuellement, si vous recherchez plus d'étirement, éloignez le genou gauche vers l'arrière ou avancez le pied droit qui doit rester à l'aplomb de votre genou quoi qu'il arrive, le talon bien posé au sol.

Puis regardez votre bébé et évaluez votre souplesse. Alignez votre dos qui doit rester le plus droit possible dans un premier temps. Au besoin, ajoutez un coussin sous les mains.

Ensuite, étirez-vous jusqu'à votre bébé et penchez-vous vers lui pour lui faire un bisou, mais ne forcez pas et sachez arrêter votre mouvement en cas d'impossibilité.

Revenez à genoux, et posez votre tête près de votre bébé en posture de l'enfant.

Jouez avec votre bébé et penchez-vous vers lui jusqu'à lui faire un bisou, mais ne forcez pas et restez à distance tout en jouant du regard et des cheveux au-dessus de son visage.

37 ÉCART

Cette posture d'étirement des jambes et de prise de conscience du dos est aussi une bonne position pour jouer avec votre bébé, le changer ou le masser.

Installez-vous au sol, les fesses sur un coussin pour vous rehausser, ce qui va faciliter la posture si vous manquez de souplesse. Écartez les jambes de part et d'autre de votre bébé, installé face à vous sur un coussin.

Ramenez votre bébé le plus près de vous, puis avancez doucement le buste, gonflez la poitrine pour empêcher le dos de s'arrondir. Posez vos mains au sol de part et d'autre de votre bébé en repoussant le sol pour protéger votre dos.

Éventuellement, posez vos mains sur vos cuisses ou repliez légèrement les jambes pour éviter de courber le dos. C'est l'intérieur des jambes qui travaille, pas votre dos.

1

Regardez et discutez avec votre bébé, penchez-vous plus loin en gardant le dos droit. La pince se situe au niveau des plis de l'aine, pas des lombaires !

2

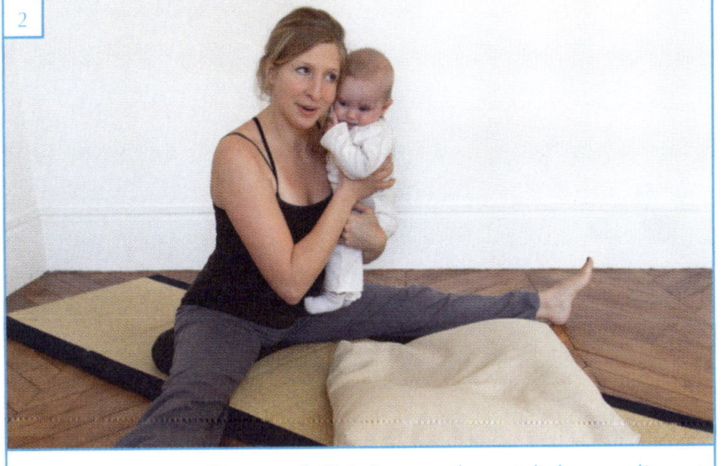

Vous pouvez prendre votre bébé dans vos bras et le bercer d'avant en arrière et de droite à gauche, à la manière d'un métronome, ou avec des mouvements circulaires. Il appréciera ce mouvement de balancier qui vous assouplit en même temps.

38 LA POSTURE PARFAITE

La posture parfaite est très agréable à pratiquer. Moins exigeante que le lotus, elle permet plus d'options que le tailleur, assouplit et ouvre les hanches sans risque pour le dos.

Assise sur un coussin (ou non, selon votre ouverture de bassin), repliez une jambe jusqu'à ce que le talon touche le pubis. Repliez alors l'autre jambe par-devant sans croiser. Les genoux retombent naturellement vers le sol. Si ce n'est pas le cas, ajoutez un autre coussin sous les fesses.

Prenez votre bébé dans les bras et approchez-le tout contre vous. Vous pouvez alors le bercer d'avant en arrière, sans fléchir le dos, les hanches effectuant un verrouillage naturel.

1

Vous pouvez faire des cercles dans l'espace en gardant la colonne parfaitement alignée. C'est excellent pour vous comme pour bébé.

2

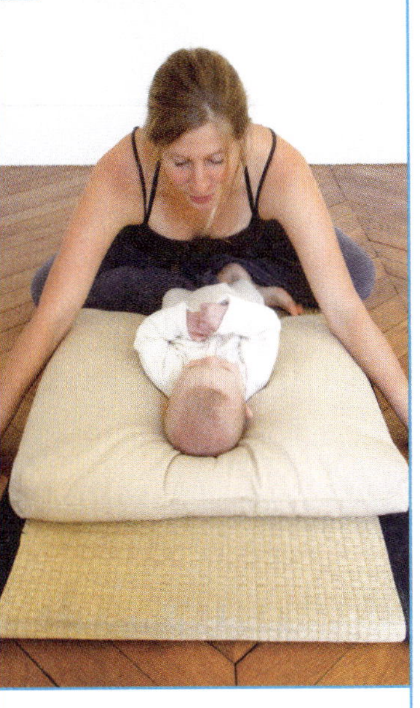

Vous pourrez aussi poser votre bébé en face de vous et parfaire l'ouverture des hanches sans courber le dos.

39 RELAXATION PARFAITE

Pendant que bébé dort, pourquoi ne pas vous relaxer vous aussi ? Utilisez la posture parfaite (précédente). Elle est aussi très efficace pour l'ouverture des hanches, qui prélude à une bonne position du dos.

Installez-vous en posture parfaite sur un coussin assez épais et laissez tomber vos genoux de part et d'autre, un pied devant l'autre. Étirez vos bras vers l'avant, les mains posées au sol tout en gardant le dos droit.

Si tout va bien jusque-là, poursuivez la descente et posez vos avant-bras (ajoutez un gros coussin devant vous, si nécessaire), puis votre tête. Vos fesses peuvent décoller légèrement. Restez ainsi le temps d'une vingtaine de respirations ou plus.

Revenez le plus doucement possible, en déplaçant les mains en arrière sur le sol pour soutenir le dos. Étirez-vous, les jambes vers l'avant, les bras vers le haut, puis inversez le croisement de jambes et refaites la même séquence.

Sentez le travail des hanches qui s'assouplissent en ouverture.

40 LE VERROU

Cette posture a pour objectif d'augmenter l'énergie du corps et l'amplitude respiratoire, de tonifier le ventre, tout en étirant le dos. Elle effectue plusieurs verrouillages puissants des différents étages du corps : diaphragme, périnée et gorge.

Partez de la posture parfaite (n° 38). Posez vos mains sur les genoux ou les cuisses et étirez-vous en vous penchant vers l'avant. Inspirez en écartant les côtes au maximum, puis expirez en serrant les côtes au maximum.

Toute la posture s'effectue sur ce vide d'air.

Rouvrez les côtes comme sur l'inspir, mais sans inspirer. Poussez fermement avec vos mains, bras tendus, à la manière d'un cric de voiture, et sentez le dos s'allonger, les hanches s'ouvrir. Votre ventre devrait être littéralement aspiré vers le haut et l'intérieur.

Vissez-le alors fermement autour du nombril (premier verrouillage).

Serrez le périnée, appuyez votre menton contre la poitrine : ce sont les deux autres verrous.

Restez ainsi en apnée jusqu'à ce que vous ressentiez le besoin d'inspirer à nouveau.

Relâchez dans l'ordre : le menton, le ventre, les bras. Inspirez enfin, puis relâchez le périnée en dernier.

Le ventre et le périnée se resserrent fermement, le dos s'étire, le menton rentre. C'est très agréable de sentir son ventre tonique et plat !

41 LE PIGEON

Cette posture est idéale pour l'ouverture des hanches et l'étirement du dos et des jambes. Elle fait respirer les lombaires et masse le ventre.

Assise par terre sur les fesses, repliez une jambe devant vous, le talon près du pubis, la fesse posée au sol, le genou face à vous dans l'axe, et tendez l'autre jambe vers l'arrière.

Intercalez un coussin sous le bassin si vous sentez que votre dos manque de stabilité et n'est pas suffisamment dans l'axe.

Inspirez, puis, sur l'expiration, avancez le buste le plus loin possible sur la cuisse pour déposer le thorax sur le genou. Posez vos avant-bras au sol, puis votre tête. Restez ainsi le temps qu'il vous plaît, 30 à 60 secondes.

Relevez-vous tout doucement en repoussant le sol avec les mains, bombez le torse et alignez la tête avec la colonne vertébrale. Vous pouvez poursuivre avec la posture suivante (la torsion assise).

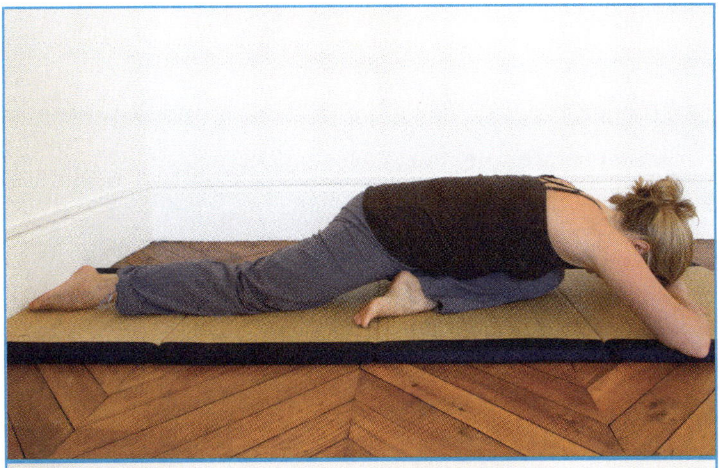

La compression du ventre offre un bon massage. Relâchez les tensions et respirez au niveau des lombaires et du dos. Soutenez bien le corps avec les bras tendus pour protéger le dos et étirez-vous vers le ciel.

42 TORSION ASSISE

Comme toute torsion, cette posture est drainante, énergisante et digestive.

Vous pouvez partir de la posture précédente ou assise en tailleur au sol. Ajoutez un coussin sous les fesses si vous sentez que votre dos n'est pas assez aligné.

Placez une jambe repliée au maximum devant vous, le talon près du pubis, le genou dans l'axe. Repliez l'autre jambe par-dessus, le pied à plat. Redressez-vous en vous servant du genou, puis enserrez-le avec le bras opposé et poursuivez la torsion en tournant la tête et le regard vers l'arrière et en posant la main sur le sol derrière vous.

Baissez les épaules, gardez la tête dans l'axe, ne décollez pas les fesses du sol ! Maintenez bien le genou pour redresser la colonne vertébrale. Et respirez intensément avec votre ventre en torsion lui aussi.

Revenez sur une inspiration, étirez vos deux jambes vers l'avant avant de poursuivre de l'autre côté.

Respirez avec le ventre en torsion et effectuez comme un « essorage » respiratoire, excellent pour la digestion. Enfin, resserrez le ventre intensément sur l'expiration pour mieux inspirer par la suite.

43 FACE AU MONDE

Le portage face au monde est une excellente manière de former votre bébé à la marche sans en avoir l'air, car, dès la naissance, il existe un lien entre vision et marche.

On sait depuis longtemps qu'un nouveau-né amorce des pas si on le met en appui sur ses plantes de pied au sol. Mais on a découvert récemment qu'il se met aussi à marcher lorsqu'un tapis très contrasté (donc visible par lui) défile sous ses pieds sans que ceux-ci touchent terre.

Si pendant les premières semaines cette capacité est embrumée par sa vision relativement faible, on pourra aisément la favoriser dès que bébé commence à bien voir. En fait, c'est votre bébé qui vous indiquera quand le retourner face au monde : si vous le voyez souvent tourner la tête lorsque vous le portez en écharpe face à vous – vers 2, 3 ou 4 mois –, c'est le bon moment !

Adoptez un système de portage adéquat ou portez-le dans vos bras, dans des lieux calmes et sécurisés (parc, maison, petit trajet)… Il va adorer et vous le montrera ! S'il se fatigue, pensez simplement à le retourner vers vous !

Bébé regarde au loin, il découvre le monde mais vous sait à ses côtés.

44 L'ARBRE QUI DANSE

Renforcez votre équilibre et votre concentration par cette posture classique du yoga.

Bébé est dans vos bras ou en écharpe face au monde. Debout, les jambes jointes, amenez votre plante de pied sur le genou opposé ou à l'intérieur de la cuisse, près du pubis.

Basculez bien le bassin grâce à l'appui du pied, gardez les hanches au même niveau. Si vos mains sont libres, portez-les en salutation devant vous ou au-dessus de la tête.

Redescendez doucement du ciel où vous étiez perchée et recommencez la même séquence de l'autre côté après vous être relaxée quelques secondes.

Pourquoi ne pas danser comme cela avec bébé ? Il existe des cours de salsa qui vous apprennent à danser avec bébé en portage (face ou dos) !

Redressez tout le haut du corps vers le ciel, comme les branches d'un arbre.

7+

MOUVEMENTS ET AUTONOMIE

LA MAMAN

Le corps a définitivement repris ses droits et ses forces, mais le portage soutenu des premiers mois avec un bébé qui réclame beaucoup les bras a laissé des traces. Les postures des mois précédents peuvent être pratiquées de façon plus dynamique avec un bébé que l'on peut maintenant « trimballer » dans tous les sens car il tient bien sa tête. Il se déplace, est très tonique dans les bras et s'échappe aussi !

C'est l'occasion pour vous de prendre un peu le large, de pratiquer le yoga sans votre bébé, mais aussi de lui apprendre de nouvelles postures rigolotes.

Imitez votre bébé : toutes ses postures de petit yogi sont bonnes à prendre. Observez sa façon de bouger, de se mouvoir, de s'asseoir, de se redresser, de s'étirer... C'est un vrai chat !

LE BÉBÉ

Vers 7 mois, la coordination droite/gauche se met vraiment en place pour la marche à quatre pattes. Vous pouvez encourager bébé par des massages en diagonale (bras et jambe opposée) ou par des mouvements et des bercements dans l'espace.

Le bébé apprécie la posture assise qui libère ses mains et ses bras. Il faudra porter une attention particulière à son assise et faire attention qu'il ne s'assoie pas les jambes en fermeture (genoux à l'intérieur, pieds à l'extérieur, hanches en rotation interne), mais en ouverture, soit en papillon (les pieds vers l'avant, les genoux qui tombent sur le côté), soit les jambes en triangle, soit une jambe vers l'intérieur, l'autre vers l'extérieur en posture du héros, posture très stable de laquelle il peut facilement passer au quatre-pattes.

Le temps de la poussette est arrivé car bébé est lourd à présent et le portage face au monde devient trop pesant (sauf pour certaines mamans courageuses). Ce n'est pas plus mal : bébé sait maintenant bien redresser son dos et les trajets en poussette vont l'y aider, pour peu que vous respectiez certaines règles : éviter les dossiers de poussette et le laisser libre d'attaches pour libérer et muscler naturellement son dos tout neuf... Un vrai cadeau pour toute sa vie.

À la maison, bébé explore aussi le monde de toutes parts et se déplace partout. Il cherche à se mettre debout, il aime aussi se blottir la tête à l'envers dans vos bras. Il est temps de l'initier aux chutes inéluctables et de l'aider à renforcer son équilibre par des postures-jeux en mouvement. Ne le poussez surtout pas à la marche, qu'il découvrira tout seul en prenant appui sur vous Son système vestibulaire est en plein éveil et il appréciera toutes les postures qui lui font voir le monde dans tous les sens et en mouvement.

45 BÉBÉ BERCÉ ASSIS

Cette posture devient un vrai jeu avec bébé, qui va apprendre à stabiliser sa posture assise pendant que vous étirez votre dos et renforcez votre ventre grâce à son poids.

Couchée sur le dos, les jambes repliées contre vous, avec bébé installé sur vos genoux en position assise face à vous, bercez bébé à droite et à gauche. Tenez-le par les hanches, par la taille ou par les mains.

Toujours couchée sur le dos, mais les pieds posés au sol, légèrement écartés, jambes pliées, installez bébé assis sur votre ventre, puis soulevez le bassin du sol en tenant bébé par les hanches, ses jambes en grenouille sur vous ou à califourchon.

Sur votre ventre, c'est un vrai toboggan tout doux.
Sur vos genoux, il cherchera petit à petit son équilibre.

46 L'ENVOL

Cette posture-là peut se pratiquer de toutes les manières à condition d'avoir une bonne ceinture de sécurité.

Ce sera vos bras ou vos mains. Bébé sera comme un oiseau qui s'envole grâce à l'appui de vos bras ou de vos jambes. Faites attention de solliciter la force musculaire du ventre plutôt que celle des bras. Votre sangle abdominale se renforcera et votre dos ne souffrira pas !

Couchée sur le dos, les jambes repliées contre vous, placez bébé sur vos genoux à plat ventre, à califourchon sur vos pieds positionnés en portemanteau (pieds fléchis).

Tenez fermement ses mains ou son bassin et ses fesses dans vos deux mains.

Étirez vos jambes vers le haut jusqu'à ce que votre bébé se retrouve tête en bas progressivement en testant sa réaction et en le rassurant par votre sourire et vos mimiques de surprise.

Dans une autre version, vous pourrez tout simplement saisir bébé au niveau du thorax pour le soulever dans les airs et le faire tourner à droite et à gauche, en avant et en arrière, en veillant à votre dos grâce au verrouillage du ventre et du périnée. Allez chercher la force dans le ventre en plaquant bien les lombaires au sol.

Il suffit de soulever bébé en l'air pour lui mettre la tête à l'envers et rire de cette surprise avec lui. Vous pouvez aussi vous asseoir sur un ballon pour pouvoir bouger dans l'espace sans effort : serrez le ventre et amenez bébé au-dessus de vous, roulez à droite et à gauche, profitez ensemble de ce voyage improvisé.

Dépliez vos jambes vers le haut, et hop ! bébé est soulevé et fait l'oiseau pour sa plus grande joie — avec les mains sur le bassin quand on veut aller en altitude, c'est plus sûr !

À bout de bras, c'est encore plus impressionnant ! Faites plonger votre bébé vers vous comme un aigle sur sa proie ! Il va rire aux éclats.

4

Quand maman bouge sur son ballon, ça tangue et ça roule !

47 L'ENFANT-CHAT

Le renforcement de la sangle abdominale et du dos est essentiel au moment où bébé prend plus de poids et de force. Cette posture étire aussi les ischio-jambiers, renforce et aligne la colonne vertébrale sans contrainte pour le périnée puisqu'elle est inversée, d'ailleurs bébé la pratique régulièrement !

Mettez-vous à quatre pattes, assez près d'un mur derrière vous.

Étirez une jambe et placez votre talon, orteils vers le bas, pied perpendiculaire au sol. Votre genou au sol doit être devant le bassin.

Poussez le talon dans le mur et tendez votre jambe en même temps que vous repoussez le sol avec les bras tendus devant vous. Vous pouvez monter le pied plus ou moins haut suivant votre envie.

En option, soulevez la jambe dans le vide ou soulevez une jambe et le bras opposé !

Terminez en étirant vos mains vers l'avant et en posant les avant-bras au sol, la tête posée dessus. Sentez tout votre dos qui respire et s'étire. Allongez vos bras vers l'avant si cela vous fait du bien.
Avec la jambe dans le vide, c'est encore plus tonique !

48 TORSION

Ceci est une torsion plus puissante que les torsions au sol car elle ouvre la cage thoracique de façon active. Elle est très utilisée par bébé lorsqu'il est à quatre pattes et veut se retourner vers vous.

Partez de la position à quatre pattes au sol et avancez votre pied gauche à côté de la main gauche, par exemple.

Calez votre épaule gauche à l'intérieur du genou gauche et prenez appui.

Décollez votre main droite du sol comme si vous tiriez un fil du sol vers le ciel jusqu'à ce que votre bras droit soit tendu, vertical, la main vers le haut. Regardez et suivez du regard le mouvement de votre main, gardez la posture quelques instants.

Revenez à la position de départ en laissant glisser votre main gauche vers le sol. Si votre bébé n'est pas loin, quittez son regard, puis revenez vers lui au retour.

Variante : vous pouvez accentuer la torsion en avançant votre pied vers l'avant ou en étirant la jambe arrière, tout en gardant le talon bien au sol et le genou à l'aplomb du cou-de-pied.

Si vous manquez de souplesse dans la torsion, ajoutez un coussin sous la main d'appui.

49 DIAGONALE

Imitez bébé qui se réveille et qui veut se relever en roulade sur le côté : ce sont vos obliques qui vont travailler !

C'est d'ailleurs une posture dynamique que bébé utilise régulièrement pour échapper au change !

Couchée sur le dos, étirez-vous d'abord de tout votre long. Placez vos bras au-dessus de la tête en V.

Soulevez une jambe tendue tout en la croisant par-dessus l'autre. Étirez-la en diagonale comme si vous cherchiez à toucher un objet lointain avec la pointe du pied. Puis croisez la jambe de plus en plus jusqu'à ce que la fesse décolle.

Gardez le haut du corps collé au sol, les bras toujours en V ; le pied peut rester dans le vide ou venir se poser au sol si votre souplesse le permet. Après être restée quelques instants dans la posture, vous pouvez revenir à la position initiale ou continuer le mouvement jusqu'à ce que votre corps roule en entier sur le ventre sans effort. Savourez la détente.

Sentez l'étirement sur tout le flanc et respirez toujours amplement cinq ou six fois. Vous pouvez soulever la tête dans le mouvement de la torsion grâce à vos mains pour regarder votre bébé.

50 ROULADE AVEC BÉBÉ

Dans le lit ou sur un grand matelas moelleux, toutes sortes de roulades sont permises avec bébé. Non seulement c'est amusant, mais cela aiguise le système vestibulaire de bébé qui va voir le monde en trois dimensions. Se relever du lit avec bébé devient un jeu d'enfant !

Couchée sur le côté, prenez bébé contre vous en l'entourant bien de vos deux bras, tête comprise.

Repliez vos jambes contre vous, puis roulez sur le dos avec bébé en utilisant le poids de vos jambes.

Utilisez l'énergie cinétique accumulée ainsi que le poids de bébé pour continuer la roulade sur le côté. Libérez un bras pour vous aider à vous soulever. Vous pouvez aussi retourner en arrière pour le plus grand bonheur de bébé qui adore ces roulades bien en sécurité dans vos bras !

Vous pouvez également sortir du lit dans ce même élan. Couchée sur le dos, prenez bébé dans vos bras sur le côté. Ramenez-le tout contre vous et utilisez l'énergie cinétique pour continuer à rouler sur le côté. Il suffit alors de glisser les jambes hors du lit, l'effet de balancier des jambes vous permettra de vous relever complètement sans effort.

Bébé bien serré contre vous, soulevez les jambes du sol, les genoux remontés pour vous entrainer dans la roulade. Libérez un bras pour vous soulever avec bébé.

51 ROULER BÉBÉ DANS LA FARINE

Très amusant, ce massage-roulade est merveilleux le soir pour endormir bébé ou le matin pour jouer avec lui dans votre lit !

Placez bébé sur le ventre ou sur le dos en travers d'un matelas ou d'un tapis molletonné.

Puis roulez-le vers l'avant doucement en le poussant avec vos deux mains, tout en avançant à quatre pattes de votre côté et en vous étirant.

Vérifiez bien que bébé ne se torde pas un bras au passage et veillez bien à ce qu'il ait le temps de contrôler la position de sa tête pendant la roulade. Et ne portez pas le poids de votre corps sur bébé, vos mains doivent rester légères comme des plumes !

Faites autant d'allers-retours et de roulades que bébé le souhaite. Le plaisir et la détente seront au rendez-vous.

52 LA VALSE AVEC BÉBÉ

C'est une posture très jolie qui est à l'origine de cet enchaînement dynamique. Efficace pour vos hanches et votre sangle abdominale, elle va faire danser votre bébé et stimuler en même temps son système vestibulaire.

Il va adorer le voyage.

Démarrez en posture du diamant : assise sur les talons, à genoux, avec bébé dans les bras face à vous.

Laissez glisser les fesses au sol d'un côté pendant que vous déportez bébé de l'autre côté pour faire balancier **(1)**.

Continuez à vous asseoir en vous mettant sur les fesses tout en rapprochant bébé **(2)**, puis soulevez les genoux que vous passez de l'autre côté **(3)**.

Utilisez la dynamique du mouvement pour décoller les fesses du sol et vous retrouver sur les genoux à nouveau, mais à l'inverse de votre position initiale **(4)**. Vous pouvez poursuivre le cercle ou revenir en arrière !

Si vous continuez dans le même sens, vous allez faire un tour entier, avec les pieds au centre du cercle. Sinon, vous pouvez inverser le mouvement global quand vous le souhaitez. Regardez bien votre bébé dans les yeux et souriez-lui. Encore une danse ?

53 LE PETIT TRAIN

Pour dérouiller les jambes, le bassin et jouer avec bébé, rien de tel que de se déplacer avec lui sur vos jambes à la manière d'un petit train.

Assise au sol, les jambes tendues devant vous, placez votre bébé le dos contre votre ventre ou plus éloigné sur vos genoux.

Tendez vos jambes comme si c'étaient des bouts de bois, votre dos bien droit, comme celui de votre bébé.

Avancez en soulevant une fesse et une jambe en même temps. Puis alternez avec l'autre jambe.

Une fois que vous avez bien avancé, reculez de la même manière en traînant vos jambes l'une après l'autre, le dos toujours bien droit. Pour augmenter la difficulté, redressez vos pointes de pied, les talons en avant !

En marche avant, en marche arrière, votre bébé balancé et bercé savoure ce train improvisé. La posture assise en mouvement renforce son dos. Vos hanches s'assouplissent et le dos se muscle tranquillement.

54 LE BATEAU IVRE

Votre bébé aime le tangage ? Voici de quoi le satisfaire ! Vos hanches vont apprendre à s'ouvrir comme des ailes de papillon et votre dos à se redresser même en mouvement.

Assise sur les fesses, le dos droit, repliez vos jambes en grenouille et saisissez votre bébé, de telle sorte qu'il soit lui aussi en grenouille ou les jambes croisées dans vos mains et vos bras.

Redressez votre dos et bombez le torse. Ajoutez un coussin sous les fesses si besoin.

Balancez-vous alors à droite et à gauche en utilisant le poids de votre tête, vos hanches s'assouplissent en douceur. Votre bébé bercé ainsi se retrouve comme dans votre ventre. Cette posture en suspension positionne bien ses jambes en ouverture et stimule son sens de l'équilibre.

Vous pouvez associer cette posture avec la précédente et avancer ou reculer sur les fesses, mais en gardant les pieds fixes. Reculez, avancez le bassin près des talons suivant votre souplesse et vos envies !

À droite et à gauche, à la manière d'un métronome, utilisez la tête pour vous balancer et bercer bébé sans effort !

55 LE GUERRIER

Cette posture renforce vos jambes et votre équilibre, bébé sera fier d'être la figure de proue de sa maman !

Debout, prenez bébé dans vos bras et écartez les jambes en triangle.

Tournez-vous à 90° en positionnant le pied de devant dans l'axe du tapis et l'autre à 60° sur le côté, bien à plat.

Pliez la jambe avant et posez votre bébé sur votre cuisse, étirez un bras et regardez face à vous, bébé bien positionné à califourchon.

À partir de cette posture, vous pouvez poser bébé au sol en prenant garde de maintenir votre dos droit et de plier au niveau de la hanche pendant la manœuvre.

Gardez le dos droit, serrez le ventre, ancrez bien vos pieds dans le sol.

56 ÉQUILIBRE

Cette posture pourra vous servir tous les jours pour saisir, ramasser un objet au sol, vous pencher vers bébé et même le prendre dans vos bras en utilisant l'effet balancier de la jambe en contrepoids de la tête, ce qui évitera de trop solliciter votre dos.

Partez debout, penchez-vous vers l'avant, dos droit tout en pliant les jambes.

Étirez une jambe vers l'arrière tout d'abord puis vers le haut pour équilibrer avec le corps penché vers l'avant.

Vous pouvez soit poser vos mains au sol pour vous équilibrer, soit étirer vos bras vers l'avant pour vous renforcer. Pliez plus ou moins la jambe au sol suivant votre souplesse et votre force.

Une bonne habitude à prendre dès que vous allez chercher un objet au sol ou attraper bébé dans son berceau.

57 LE NAVIRE

Cette posture est simple pour le bébé qui maîtrise bien la flexion arrière du dos à cet âge-là, mais pour un adulte, c'est souvent plus compliqué. Pourtant, c'est une posture qui donne beaucoup d'énergie par la pression qu'elle exerce sur le plexus solaire.

Installez-vous sur le ventre tout d'abord, les jambes légèrement écartées. Prenez conscience des appuis du corps : le ventre, le thorax, le bassin, les genoux et les pieds.

Commencez par la posture du sphinx, les coudes sous les épaules, les avant-bras bien ancrés au sol, la poitrine bombée vers l'avant comme si vous essayiez de ramper. Étirez la colonne vertébrale.

Essayez de rester dans la même position en tendant vos bras vers l'avant comme si vous vouliez toucher un objet loin devant vous. Puis décollez les jambes.

Sentez le bassin se renforcer, dégagez bien la nuque et gardez la tête dans le prolongement de la colonne, le menton abaissé. Pensez plus à vous étirer qu'à monter vers le haut.

Étirez vos jambes vers l'arrière et le haut, redressez la tête et la poitrine et respirez par le ventre, ce qui fera tanguer le navire… Bébé saura vous expliquer son savoir-faire en la matière car il est très doué pour cette posture.

58 ACCROUPIE

Cette posture est utilisée en permanence par bébé lorsqu'il passe du sol à la station debout. Ce sera une posture de prédilection durant toute sa petite enfance pour le jeu, et en particulier dans le bac à sable. Elle est merveilleuse pour les lombaires, le bassin et l'équilibre. Dans certains pays où les habitants n'utilisent pas la chaise, c'est une posture incontournable.

Elle est très simple. Il suffit d'écarter les pieds de 30 cm environ (à ajuster en fonction de la largeur de votre bassin et de votre souplesse, on peut même garder les pieds joints), puis de plier les jambes sans modifier la position du dos jusqu'à ce que vos fesses se rapprochent des mollets.

Les pieds doivent être dans l'axe des genoux et ceux-ci ne doivent pas loucher. Pour éviter cet inconvénient, vous pouvez intercaler vos bras en salutation entre les deux genoux et maintenir ainsi facilement l'écart.

Une autre option consiste à placer un coussin suffisamment épais et ferme sous les fesses pour maintenir la posture sans effort.

1

Si vous prenez bébé dans vos bras, cela vous permettra d'équilibrer encore mieux la posture grâce à l'effet balancier de son poids. Redressez le haut du corps, dégagez le cou et la poitrine.

2

Les talons sont en arrière par rapport aux genoux (le cou-de-pied sous la ligne des genoux) pour pouvoir redresser le dos facilement et reporter le poids du corps majoritairement sur les pieds, et non pas sur les ischions. Vous pouvez également utiliser un tabouret bas.

59 POUSSETTE POUR PETIT YOGI

Bébé va encore passer une grande partie de son temps (jusqu'à 4 ans environ) dans sa poussette, d'autant que le portage devient de moins en moins facile au fil des mois.

La plupart des poussettes possèdent des ceintures cinq points. C'est pourtant une erreur de les utiliser systématiquement pour bébé qui ne craint pourtant pas grand-chose, la poussette n'étant pas un bolide Ainsi, la plupart des enfants sont attachés sans pouvoir bouger le dos, scotchés littéralement à leur dossier comme des personnes âgées dans un fauteuil roulant.

Certains vendeurs de matériel de puériculture vous diront même que le dossier va aider bébé à se redresser. C'est plutôt le contraire qui va se passer : son dos en plein développement, toujours porté, ne va pas se muscler et va s'habituer à une posture « avachie » sans tonus.

Prévoyez tout d'abord une poussette dont le dossier peut s'abaisser presque à l'horizontale pour la position éveil comme la position sommeil.

Dès que votre bébé se tient assis seul, entre 6 et 10 mois, il faut impérativement abaisser son dossier, ôter ou relâcher les attaches des épaules (en gardant celles du ventre) pour l'habituer à se tenir droit sans appui lorsqu'il est bien réveillé. Il faudra d'ailleurs prévoir une assise suffisamment longue pour ses jambes afin qu'elles ne pendent pas dans le vide.

Lorsque bébé est fatigué ou veut dormir, rien de plus simple, relevez éventuellement légèrement le dossier (pas plus de 30°) et positionnez ses jambes en ouverture ou en tailleur, soutenues pour qu'elles ne glissent pas dans le vide grâce aux rallonges, à un coussin ou à une rambarde. Sinon, elles risquent d'entraîner le dos en cambrure.

Sans les attaches qui entravent ses épaules, sans dossier pour le soutenir, votre bébé ballotté, le dos droit, va muscler son dos et apprendra à s'équilibrer pour la vie.

Et voilà votre bébé qui s'assouplit même dans ses rêves, les jambes en ouverture, le dos droit et la tête portée. Si votre poussette possède une rambarde, posez les jambes de votre bébé par-dessus.

60 À LA RENVERSE

Bébé apprécie de plus en plus les extensions arrière, la tête dans le vide, et vous le fait savoir en se « jetant » parfois dans le vide en arrière sans vous prévenir, lorsqu'il est dans vos bras. Inutile de lutter, accompagnez simplement votre bébé dans son besoin d'étirement pour éviter qu'il ne se fasse mal.

Placez bébé sur le ballon sur le dos en le tenant par les hanches fermement.

Bercez-le à droite et à gauche, d'avant en arrière, jusqu'au sol, pour tester ses réflexes.

Assise dans votre canapé ou sur un ballon, tenez votre bébé assis sur vos genoux face à vous.

Posez une main sur sa tête, l'autre dans son dos. Dites un, deux, trois, puis allongez votre bébé sur vos genoux en arrière et laissez partir sa tête en bas tout en la soutenant.

Lorsque votre bébé veut revenir vers vous, portez sa tête pour éviter qu'il ne crispe les cervicales.

1

Entre peur et rire, bébé balance.

2

Laissez son dos s'étirer en arrière et la poitrine s'ouvrir. Recommencez autant de fois que votre bébé le veut et chantez-lui des comptines en même temps !

61 JEUX DE BALLON

Les jeux avec le ballon sont parfaits pour stimuler le système vestibulaire de votre bébé et ainsi renforcer son équilibre. Laissez aller votre imagination !

Asseyez bébé sur le ballon en le tenant par le bassin ou les cuisses. Bercez-le à droite et à gauche et laissez-le trouver son équilibre. Ainsi ballotté, il va renforcer son dos et sa sangle abdominale et par la même occasion sa posture assise.

Puis positionnez-le sur le ventre en le tenant par le bassin. Soit bébé va se redresser pour lutter contre la gravité en posture du bateau, soit il va se relaxer et s'étaler sur le ballon, de la tête aux pieds.

Roulez alors à droite et à gauche, d'avant en arrière, jusqu'à ce que bébé, devant le sol, présente ses mains comme pour éviter de tomber. C'est un excellent entraînement, car dans ses explorations futures, et malgré toute votre attention, bébé va connaître quelques chutes.

Assis, bébé apprend à s'équilibrer et à renforcer son dos.
Sur le ventre, il apprend à tomber en se protégeant.

12+

DU YOGA 24 H/24

LES BASES

Bébé a 1 an à présent. C'est-à-dire, pour sa maman, un an de portage, des mois d'allaitement peut-être, de nuits incomplètes, mais des bonheurs partagés et des découvertes incroyables.

Il marche déjà ou ne va pas tarder à marcher. Il est autonome dans ses mouvements et lorsqu'il veut quelque chose, un jouet en particulier, il se débrouille (presque) tout seul à quatre pattes ou debout.

C'est aussi et toujours le temps de l'exploration, des premières balades, des sorties au parc. Il faut désormais surveiller bébé comme le lait sur le feu car il va aimer grimper partout. Il s'éloigne de votre regard très facilement et très rapidement.

Il faut croire que les bébés ont un certain don d'ubiquité ! Bref, ce n'est pas encore le temps du repos, mais vous pouvez vous octroyer quelques séances de relaxation… Car maintenant que bébé joue de son côté, vous pourrez faire des étirements en même temps que vous le surveillez (et Dieu sait que vous allez y passer du temps !) : pendant qu'il joue dans le bac à sable au parc, pendant qu'il prend son bain. Vous pourrez même vous relaxer pendant qu'il dort.

Profitez de son équilibre pour l'habiller et le changer autrement qu'à l'horizontale et pour adopter, à l'occasion, de bonnes postures.

Apprenez non seulement à ménager votre dos lorsque vous le prenez au sol, mais aussi à faire travailler vos jambes en étirant votre dos.

Il est temps d'adopter, chaque jour, toutes les postures vues dans les premiers mois et de faire du yoga 24 h/24 comme votre bébé. Observez ses postures lorsqu'il s'assoit, s'accroupit, se relève du sol, s'étire, lorsqu'il joue dans le sable, lorsqu'il prend son bain, lorsqu'il se réveille ou lorsqu'il dort. C'est un vrai yogi, laissez-vous guider par le maître !

62 DANS VOS BRAS

De plus en plus, vous allez prendre et poser votre bébé au sol pour lui permettre d'exprimer tout son potentiel de mouvement. Mais il faut vous protéger et utiliser vos jambes et pas votre dos pour aller le chercher… Voici une technique qui vous permet d'articuler quatre postures en un seul mouvement !

Partez de la posture accroupie **(1)**. Rapprochez votre bébé tout contre vous. Soulevez-le du sol tout en basculant votre bassin vers le haut en pince en dépliant vos jambes (pliez au niveau des hanches, pas du dos !) **(2)**. Puis utilisez votre bassin comme balancier et, en même temps que vous repliez les jambes et que vos fesses redescendent, tout le haut de votre corps remonte et votre bébé avec, c'est la chaise **(3)**. Basculez alors le bassin en même temps que vous vous dépliez et remontez vers le haut **(4-5)** en verrouillant bien le ventre et le périnée. Sentez que ce sont les jambes qui travaillent et pas votre dos !

1
2
3
4
5

63 DANS LE DOS !

À cet âge, bébé va adorer s'agripper à votre dos comme un petit koala (avec un peu d'entraînement, il est vrai). Vous pouvez utiliser un système de portage (il en existe de multiples, Manduca, Ergobaby) fort utile pour de longues distances, bien adapté pour cet âge-là et plus maniable que l'écharpe.

Au quotidien, cette posture vous sera très précieuse. Elle va vous aider dans toutes les situations et vous faire travailler dans le bon sens : bascule du bassin grâce au poids de bébé, travail des jambes quand vous remontez ou descendez, ouverture de la cage thoracique grâce à la position des bras…

Partez de la position semi-accroupie, une jambe repliée à l'arrière, genou près du sol, une autre pliée vers l'avant, pied bien à plat au sol, et attrapez votre bébé, une main sous ses fesses, l'autre dans son dos **(1)**.

Calez bien votre bébé sur votre dos, ses jambes à califourchon sur votre dos, les genoux bien remontés **(2)**.

Dépliez les jambes et relevez-vous. Le poids de bébé va naturellement éviter la cambrure et faire basculer le bassin.

Relevez-vous (3) complètement, laissez les épaules partir en arrière (4) et ouvrez la cage thoracique.

64 DOS TOBOGGAN

Suite logique de l'enchaînement précédent, cette glissade sera très pratique dès lors que vous devrez poser bébé au sol à partir de votre dos. Vos jambes et vos bras seront, là encore, à l'honneur.

Bébé est bien installé entre vos deux mains à l'arrière. Vous pouvez le faire glisser sur le côté contre votre hanche. Récupérez-le alors avec vos deux mains.

L'autre possibilité est de plier généreusement vos jambes, l'une un peu à l'avant de l'autre, un genou près du sol, pour le laisser glisser de votre dos devenu toboggan.

Posez délicatement votre bébé au sol. Gardez la conscience de votre dos pendant tout l'enchaînement.

1

2

Laissez glisser bébé comme sur un toboggan sur le côté en le sécurisant avec vos bras et vos mains.

Vous pouvez aussi plier les jambes légèrement décalées, de façon à pouvoir décoller un talon à l'arrière et laisser glisser bébé jusqu'au sol.

65 À L'ABORDAGE !

Prendre bébé dans son berceau, dans la baignoire ou par-dessus une barrière est sans doute une des difficultés majeures pour le dos des mamans (et des papas). En effet, vous vous retrouvez avec le poids de bébé à bout de bras, ce qui vient solliciter fortement le dos et les trapèzes mis en porte-à-faux. Le yoga peut vous aider à rééquilibrer les choses en vous faisant travailler les jambes au lieu du dos grâce à la posture de la chaise.

Placez tout d'abord vos genoux pliés contre la paroi de l'obstacle (ce détail est très important !) **(1)**.

Fesses en arrière, penchez-vous en avant vers votre bébé. Le bassin vient naturellement s'équilibrer avec le poids de la tête, une partie de la charge se transférant sur les genoux contre l'obstacle.

Serrez le périnée et saisissez votre bébé, qui vous aide parfois en grimpant aussi, et ramenez-le le plus près possible de vous **(2)**. Puis repliez les jambes un peu plus en relevant le haut du corps **(3)**, dépliez enfin vos jambes tout en basculant le bassin pour protéger les lombaires **(4)**.

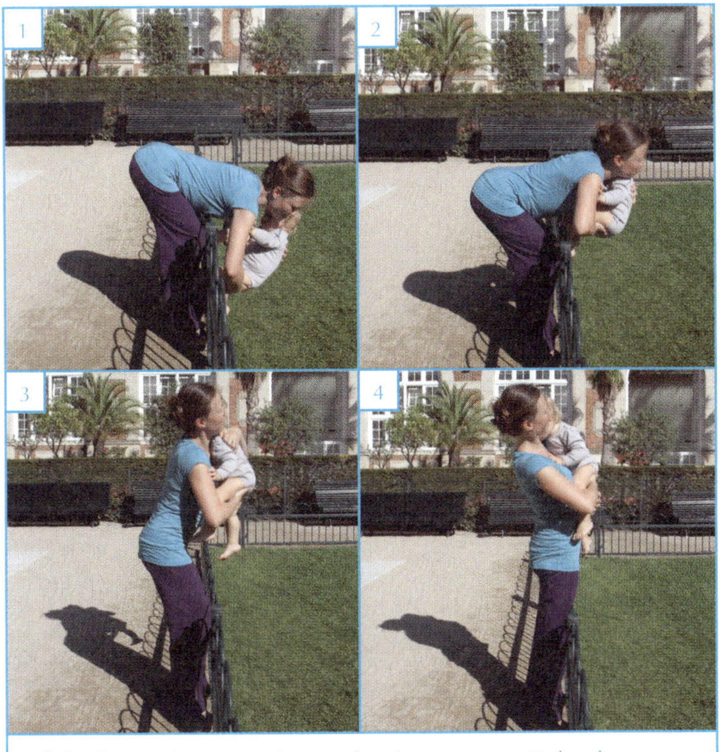

Bébé adore grimper et s'accrocher à vous en petit koala, et vous aider pour passer les obstacles qui sont un jeu pour lui. Et voilà le travail… des jambes, pas du dos.

66 LA PINCE DEBOUT

Cette posture va vous accompagner pendant de longs mois maintenant que bébé se met debout. Elle est l'un des mouvements les plus courants que vous faites vers votre bébé, mais aussi dans la maison, au quotidien, par exemple lorsque vous rangez ses jouets.

Lorsque vous habillez bébé, penchez-vous vers lui et restez en « pince », le dos droit, les fesses en l'air, les jambes éventuellement un peu pliées et le ventre collé aux cuisses.

Demandez-lui de vous aider en soulevant un pied et puis l'autre, vos jambes offrant un appui pour son dos.

Dans cette posture de la pince – dos droit, jambes qui s'étirent –, ranger ses jouets ou se pencher vers bébé devient un vrai exercice de stretching. Ne rentrez surtout pas les fesses !

1

Lorsque vous jouez avec votre bébé, n'arrondissez pas le dos, ne rentrez pas les fesses, mais pliez plutôt légèrement les jambes et pointez les fesses en arrière, à la manière des paysannes de Van Gogh.
Lorsque vous rangez ses jouets, utilisez encore une fois la pince.

2

Enfiler son pantalon devient un vrai plaisir, vous n'avez plus qu'à tenir la ceinture du pantalon et soulever bébé qui rentre comme dans un sac !

67 ACCROUPIE ASSISE

Pour se mettre au niveau de bébé, rien de tel que la position accroupie bien comprise. C'est une posture très courante dans des pays où l'on n'utilise pas de chaise.

Elle est bénéfique à tout point de vue : dos, digestion, assouplissement des hanches et sollicitation des jambes et du bassin.

Installez-vous, les jambes jointes pliées, et saisissez vos genoux. Redressez le dos, les talons collés au sol.

La plupart des Occidentaux manquent de souplesse. Vous pouvez adapter cette posture en plaçant l'avant des pieds dans le vide ou en portant des chaussures à petits talons. Vous pouvez aussi décoller les talons (mais cela modifie la sensation au niveau du dos qui est moins étiré).

Vous pouvez également vous asseoir sur une marche ou un tabouret, les cous-de-pied bien à l'aplomb des genoux pour faire porter le poids du corps sur les talons et non pas sur les ischions (la pointe des fesses).

Le dos est droit, les lombaires respirent.

N'hésitez pas à vous asseoir sur une marche. Le poids du corps est sur les pieds.

Talons décollés : c'est plus physique pour les jambes et cela demande une bonne dose d'équilibre !

68 SEMI-ACCROUPIE

Lorsque vous voulez vous rapprocher de votre bébé, l'habiller, jouer avec lui et même le mettre sur vos genoux (sans chaise !) pendant que vous lui enfilez ses chaussures, rien de plus simple.

Debout, avancez une jambe vers l'avant sur laquelle vous serez en appui. Placez l'autre un peu en arrière. Abaissez-vous ainsi en pliant les jambes, avec le pied avant bien posé au sol sur toute la plante à l'avant et le pied arrière à demi plié. Le genou est presque au sol, un peu à la manière d'une révérence… Installez bébé sur le genou le plus bas comme sur un petit siège. Sa tête est à portée de bisous !

1
2
3
4

69 CHIEN TÊTE EN BAS

Pour aligner la colonne vertébrale, étirer toute la chaîne musculaire arrière, rien de tel que cette posture que les bébés effectuent naturellement lorsqu'ils commencent à se tenir debout. Les mains et les pieds au sol, ils pointent les fesses en l'air et s'étirent en forme de triangle. À votre tour !

Commencez à quatre pattes, les pieds légèrement écartés de la largeur du bassin. Posez vos fesses sur les talons et étirez vos mains vers l'avant, bras tendus.

Plantez vos orteils dans le sol et poussez sur vos mains. Les genoux décollent, les fesses pointent vers le haut.

Alignez vos bras avec votre dos. Les jambes sont tendues ou pliées, pourvu que votre dos reste droit.

Terminez en repliant vos jambes, posez votre buste sur les cuisses et la tête au sol ou sur vos avant-bras.

S'il ne vous imite pas, bébé va très probablement venir se glisser sous ce tunnel improvisé, passer et repasser. À ce stade, il a exactement la bonne taille pour ne pas avoir à se courber !

70 BANC DE YOGA

Au parc, comment tirer parti de votre attente pendant que bébé joue ? Utilisez le banc comme banc de yoga !

Ces étirements peuvent se faire sur le banc d'un parc, mais aussi contre une baignoire. En effet, bébé se tient désormais bien assis dans sa baignoire et joue longtemps. Si vos yeux le surveillent, vos mains sont libres !

Premier étirement : le chien tête au banc. Placez vos mains sur le bord du banc ou sur son dossier et éloignez les pieds du bord, de manière à avoir les pieds à l'arrière du bassin. Poussez sur les mains, bras tendus, allongez les jambes, alignez votre dos.

Deuxième étirement : la fente. Partez de la posture précédente, posez un pied sur le banc en repliant la jambe, étirez l'autre à l'arrière, le pied en biais, gardez le dos droit toujours et encore !

Poussez sur le banc, étirez les jambes et pointez les fesses en arrière. Bébé vous encourage !

Une jambe pliée devant, une autre étirée, le dos est protégé et les hanches s'assouplissent.

71 BONNE ASSISE

Vous allez attendre de longues heures sur les bancs des parcs et jardins pendant que bébé joue dans le sable. Profitez-en pour apprendre à bien vous asseoir pour éviter les problèmes de dos.

Assise en tailleur : c'est simple mais pas forcément confortable pour les chevilles, les pieds soutiennent les mollets de chaque côté pour protéger les genoux (1).

Le héros : une jambe repliée sur le banc, une dans le vide, soit de côté, soit de face (le pied est alors contre la cuisse). Très intéressant pour les hanches et le bassin qui est assoupli (2).

Le rugbyman : plutôt que d'aller en arrière, placez-vous vers l'avant, les coudes posés sur les genoux. Cette posture est sans doute la plus confortable pour le dos (3).

Accroupie : les pieds sur le banc, le dos calé contre le dossier. Idéal pour les lombaires (4).

1
2
3
4

72 LES MAINS AU MUR

Il est intéressant de pratiquer le chien tête en bas (voir posture n° 69) contre un mur, par exemple contre le mur de votre salle de bains pendant que bébé barbote dans son bain. Elle a les mêmes effets que la vraie posture tout en étant plus abordable et plus rapide à exécuter en toutes circonstances lorsque vous devez, par exemple, nettoyer, ranger, saisir un objet.

Posez vos mains contre un mur à hauteur de poitrine, les pieds parallèles, écartées de 40 cm environ.

Éloignez vos pieds, légèrement en arrière par rapport au bassin, et poussez sur les mains. Tendez vos bras en les alignant avec la colonne vertébrale, pointez les fesses vers l'arrière et le haut, tirez sur vos jambes et enfoncez vos talons dans le sol. Le corps forme un triangle pieds-mains-fesses.

Il est préférable de plier les genoux plutôt que de courber le dos. Ajustez la position de vos mains si besoin, plus haut si votre dos s'arrondit dangereusement, ou plus bas si vous êtes souple.

1

Verrouillez le périnée, mettez la tête dans le prolongement de la colonne vertébrale. Poussez dans le mur, sentez l'arrière des jambes s'étirer, ne rentrez pas les fesses et ne courbez pas le dos.

2

Invitez votre bébé à vous rejoindre et à passer sous le tunnel !

73 TOUTE UNE HISTOIRE !

Bébé va apprécier de plus en plus la lecture, dans vos bras, de livres d'images et de belles histoires illustrées. Apprenez à bien vous installer avec lui pour passer un bon moment, vous éviterez ainsi d'avoir mal au dos à la fin de la soirée.

Il faut garder le dos droit et plier au niveau des hanches. C'est une bonne façon de les assouplir.

1. S'asseoir en tailleur est l'idéal. Croisez vos jambes, vos pieds soutenant vos mollets de chaque côté. Ajoutez des coussins sous les genoux et calez-vous au fond du canapé. Intercalez des coussins au besoin. Bien soutenue, vous pouvez rester des heures ainsi.

2. Les jambes à l'écart. C'est une posture qui renforce votre souplesse. Installez-vous sur un matelas ou sur un coussin et laissez les jambes s'ouvrir sur le côté, pas forcément tendues, cela dépend de votre souplesse. Elle demande plus d'attention au dos.

Installez bébé dans le creux de vos jambes croisées et placez aussi ses jambes en papillon, à moins qu'il ne préfère s'asseoir tout simplement dans ce siège parfaitement adapté. Installez bébé et veillez à vous pencher vers l'avant, sans courber votre dos.

74 LE TRIANGLE BISOU

Non seulement cette posture renforce la souplesse des jambes, mais elle vous oblige à garder votre dos droit et à vous ancrer dans le sol par les pieds. Inversée, elle vous permet de travailler le périnée à l'envers.

Écartez les pieds, jambes tendues, de sorte que le triangle formé par les deux jambes soit équilatéral. Placez les pieds légèrement ouverts sur le côté dans l'axe des genoux.

Penchez-vous vers l'avant lentement en gardant le dos droit. Posez vos mains sur les cuisses, puis sur les genoux, les tibias, les chevilles et enfin au sol en vous arrêtant dès que vous sentez votre dos s'arrondir. Pliez les jambes si vous avez du mal à conserver le dos droit.

Repoussez l'appui avec les mains pour soulager l'étirement des jambes et ajustez suivant vos sensations. Verrouillez le périnée et ancrez fermement vos pieds dans le sol comme si vous cherchiez à enfoncer les talons dans le sol.

Si bébé passe sous le triangle ou s'il s'est endormi par terre pendant votre séance de yoga, ne manquez pas l'occasion de l'embrasser, c'est une bonne motivation pour vous étirer.

75 SHAVASANA

C'est la posture de yoga la plus simple et la plus difficile à la fois. La plus simple parce qu'elle n'exige aucune force particulière, mais la plus difficile car elle demande beaucoup de lâcher-prise. Bébé est roi en la matière.

Imitez-le lorsqu'il dort !

Placez-vous à l'horizontale sur un matelas ou votre lit, en glissant un coussin sous les cervicales et la tête, un autre éventuellement sous les fesses presque à la limite des cuisses, de manière à faire basculer légèrement le bassin et à apaiser la cambrure. Vous pouvez aussi mettre deux coussins sous les genoux.

Écartez légèrement les jambes ainsi que les bras, paumes de main vers le ciel, et relâchez toutes les tensions, des orteils jusqu'au sommet du crâne.

Passez en revue chaque partie du corps et ressentez son contact avec le sol : talons, mollets, cuisses, fesses, milieu du dos, thorax, omoplates, épaules, bras, coudes, avant-bras, mains et tête.

Profitez d'une sieste de bébé pour vous détendre à votre tour : relâchez toutes les tensions, faites comme si votre corps était en train de fondre au soleil. Savourez l'instant.

76 ENDORMIR ET S'ENDORMIR

Après 1 an, votre bébé adoptera toutes sortes de postures de sommeil pour contrebalancer la posture verticale de ses phases d'éveil. Pourquoi ne pas l'imiter pendant que vous l'endormez ? Voici deux possibilités.

1. La posture de l'enfant

Pour endormir bébé tout en le rassurant, vous pouvez replier vos jambes sous votre ventre, la tête en bas pour câliner bébé, les fesses tout en haut (mais derrière les genoux toutefois !). Profitez de ce temps d'endormissement pour relaxer votre dos, mais aussi pour travailler le périnée : la gravité étant inversée, le périnée est sous contrainte inverse, c'est-à-dire qu'il faut le resserrer activement. C'est la seule partie du corps qui travaille, détendez tout le reste !

2. La posture en chien de fusil

Placez-vous derrière votre bébé, dans la même posture, les jambes repliées pour décambrer et vous caler, un coussin soutenant bien votre tête pour qu'elle reste dans le prolongement de la colonne vertébrale. Vous pourrez peut-être ressentir les sensations de la grossesse si vous

vous concentrez bien sur votre bébé ainsi que sur le mouvement de votre respiration.

1

La posture de l'enfant : les jambes repliées sous le ventre, les fesses en l'air, endormir bébé devient un jeu d'enfant et un exercice relaxant.

2

Cette posture est un vrai coup de pouce au moment de l'endormissement.

18+

ÉQUILIBRE, GALIPETTES ET ACCRO-YOGA

Tout vous est permis maintenant, ou presque. Bébé est beaucoup plus autonome et s'équilibre facilement. Il aime d'ailleurs tester son équilibre partout: chaise, toboggan, échelle... Mais son mur d'escalade favori reste sa maman ou son papa!

C'est le début des jeux de corps à corps qui vont durer encore de nombreuses années. Laissez votre bébé inventer des galipettes. À vous d'assurer avec vos bras, vos jambes, votre dos qui vont devenir de vraies pistes d'escalade. Il faudra avoir de bons mousquetons — vos mains — et de solides cordes — vos bras.

Ayez encore et toujours conscience de votre corps, et protégez vos lombaires! Vous vous apercevrez avec plaisir que le poids de bébé n'est pas toujours une contrainte, mais une aide précieuse pour corriger et ajuster votre posture.

Lorsque bébé est sur votre dos, privilégiez les postures qui limitent la casse et apprenez-lui à grimper dessus de différentes façons pour varier les plaisirs.

De son côté, bébé doit poursuivre son renforcement du dos. Lorsqu'il est dans sa poussette, n'oubliez pas de supprimer les dossiers inutiles, les attaches contraignantes et libérez la motricité naturelle de bébé. 18 mois, c'est aussi l'âge de l'imitation : faire du yoga avec lui, c'est l'initier à vie, à cet art merveilleux. Bébé va aussi commencer à bien parler. Discutez, parlez-lui des postures d'animaux. Le lion, le chat, le chien, la grenouille, le cheval, l'arbre, le papillon, le chameau remporteront un franc succès, et n'oubliez pas de faire les grimaces et les bruits correspondants !

77 MASSAGE DU DOS

Bébé est comme un petit singe. Lorsque vous vous mettez à sa hauteur, il n'a de cesse d'essayer de vous escalader. Autant vous mettre en bonne position.

Cette posture ne vous demande aucun effort particulier, il s'agit simplement de laisser votre bébé grimper sur vous alors que vous êtes à plat ventre.

Vous êtes installée sur le ventre, en posture du crocodile, les bras repliés vers l'avant, la tête posée. Détendez-vous et respirez bien par le ventre en laissant le dos se soulever sur l'inspir.

Bébé ne va pas tarder à venir grimper sur votre dos. Laissez-le faire et savourez le massage dû à son poids sur votre dos, de bas en haut !

Bébé vient s'installer à califourchon et passe en revue tout votre dos, avec les mains ou le bassin. Goûtez à son petit poids comme si votre bébé était un expert en shiatsu !

78 MAMAN BATEAU

À partir de la posture précédente, il est fort possible que bébé veuille aller plus loin et jouer aux équilibristes…

Pour éviter une chute éventuelle, il suffit de lui proposer un appui avec une main ou les deux. Relevez le buste et étirez vos bras vers l'arrière que bébé saisira si besoin. Non seulement vous aidez bébé, mais vous pratiquez une posture de yoga !

Redressez votre dos en hypertension pendant que bébé s'équilibre sur votre dos. Bientôt, il n'aura plus besoin de vos mains et vous pourrez vous reposer tranquillement pendant que ses pieds vous masseront le dos !

Le buste relevé, les bras comme des ailes d'oiseau pour soutenir bébé.

79 MAMAN TABLE

Comment discuter avec votre bébé pendant que vous exécutez une posture de yoga ? Rien de plus simple : composez une table avec votre corps, sur laquelle bébé va s'installer.

Assise au sol, les jambes pliées, les fesses au sol et les mains en arrière, invitez bébé à s'installer sur votre ventre face à vous.

Puis montez le bassin en étirant les épaules en arrière et en le basculant.

Montez en berçant bébé à droite et à gauche, redescendez, remontez, restez. Quand votre bassin est près du sol, allez d'avant en arrière comme une balançoire. Bébé appréciera les montagnes russes.

Bien installé en face de vous, bébé peut discuter avec vous, regarder et jouer sur sa table favorite.

80 MAMAN CHEVAL

Le quatre-pattes est une posture privilégiée pour renforcer les bras et les jambes, prendre conscience du dos et de la sangle abdominale. Bébé va en plus vous permettre de travailler tout en finesse.

Sur un tapis, installez-vous dans la posture de l'enfant, les jambes repliées et jointes, les fesses sur les talons, le ventre contre les cuisses et la tête au sol.

Invitez bébé à grimper sur votre dos – s'il n'y est pas déjà. Étirez-vous et bougez doucement le bas du dos pour prévenir votre bébé du décollage imminent. Ressentez les bénéfices de son poids sur le bas de votre dos.

Ramenez les mains vers vous et décollez du sol le plus doucement possible de façon que bébé ait le temps de s'adapter. Tenez-le d'une main pour plus de sûreté. Sentez le ventre qui se serre pour soutenir votre bébé, votre dos qui doit rester droit et ne pas se cambrer. Revenez au sol de la même manière.

Sur sa monture, bébé s'équilibre. Votre dos s'aligne et votre sangle abdominale se resserre.

81 LE PETIT ARBRE

Avec votre aide, bébé peut aussi grimper sur votre ventre et s'y mettre debout. Car contrairement au dos, votre ventre est instable, ce qui va corser la difficulté. C'est une excellente façon pour lui de s'initier à l'équilibre.

Vous pouvez caler votre posture en plaçant les jambes au mur, pour créer une surface d'appui pour bébé.

Installez-vous sur le dos, les fesses au mur, les jambes à la verticale ou écartées. Puis invitez votre bébé à s'installer d'abord à califourchon sur votre ventre, puis debout s'il le souhaite, en le tenant par les mains. Sentez votre ventre massé, mais aussi tonifié.

Bébé est fier de lui et ressemble à un petit arbre dont vous êtes les racines.

82 PIERROT SUR LA LUNE

Le croissant de lune étire le corps et vous permet de faire une flexion arrière tout en protégeant votre dos et en renforçant vos jambes. Bébé dans votre dos sera comme un petit Pierrot installé sur son croissant de lune.

Vous êtes assise les fesses sur les talons, bébé est installé comme un petit koala sur votre dos, une de vos mains dans son dos, l'autre sous ses fesses. Avancez un pied vers l'avant, suffisamment pour étirer la jambe arrière, le genou restant au sol.

Votre cou-de-pied doit être à l'aplomb de votre genou. Redressez le haut du dos en vous servant de vos bras accrochés à votre bébé, qui s'étirent vers l'arrière.

Le poids de bébé vient ajouter une petite dose de difficulté à cette jolie posture et corriger la position de vos lombaires.

18+

À PARTIR DE 18 MOIS

83 ACCRO-YOGA

Cette posture demande une certaine souplesse, ne la faites pas si vous sentez des résistances de votre part ou de la part de bébé.

Sur le dos, repliez vos jambes contre votre ventre et attrapez votre bébé en le plaçant à plat ventre sur les genoux, s'il veut bien.

Tenez fermement votre bébé sous les bras et soulevez-le, puis insérez votre pied droit et votre pied gauche au niveau du pli de l'aine, de sorte qu'ils soient bien calés entre le ventre et les cuisses de bébé.

Une fois que vous êtes bien installés, dépliez vos jambes vers le haut : bébé à l'envers, tenu entre vos bras et vos pieds. Pour quitter la posture, laissez-le glisser entre vos jambes en écartant les pieds tout simplement.

Suivez le regard de bébé. Ne décollez pas les fesses du sol et gardez la nuque étirée. Il ne faut pas que bébé bascule de l'autre côté dans l'élan ! Pliez puis dépliez vos jambes autant de fois que bébé le souhaite.

84 LA CHARRUE

Cette posture est merveilleuse pour le dos qu'elle étire de bout en bout. Il faut tout de même être assez souple pour la pratiquer et prendre quelques précautions pour ne pas trop solliciter la nuque. Cette version avec bébé comme contrepoids se rapproche d'une pince sur le dos et permet de travailler le dos tout en protégeant la nuque – bébé corrigeant votre posture et vous aidant à basculer.

Allongée sur le dos, les jambes étirées vers le plafond, installez bébé près de vos jambes tout en le maintenant bien par les fesses.

Soulevez-le légèrement et mettez-le en appui sur vos jambes, seule sa tête passe entre les mollets, ses épaules sont calées, et vos jambes resserrées. Laissez-les basculer vers vous en utilisant le poids de bébé. Celui-ci joue le rôle de contrepoids qui entraîne vos jambes et vient les plaquer contre votre corps.

Vous n'avez rien à faire si ce n'est d'empêcher bébé de basculer complètement derrière votre tête. Sentez le poids de bébé corriger votre posture, qui vient ajuster la position des lombaires et les pousser vers le sol.

1

Bébé s'installe confortablement à l'arrière de vos jambes, c'est parti pour la bascule…

2

Bébé trouve la posture intéressante, mais attention à ne pas aller trop loin !

85 GALIPETTE SUR MAMAN

Bébé, comme un petit poussin, va adorer faire des galipettes sur le dos de sa maman. Vous n'avez qu'à l'assurer avec vos bras solides.

Vous êtes en posture de l'enfant, les jambes repliées sous le ventre, la tête et les bras au sol. Bébé va probablement grimper sur votre dos et basculer de l'autre côté (1).

Il faut alors vous relever suffisamment pour rattraper le petit gymnaste de l'autre côté (2), passer un bras derrière son dos (3), puis l'autre par-devant, sous sa tête (4), et vous relever complètement pour terminer la posture.

Attention, bébé grimpe. Préparez votre bras dans son dos.
Laissez-le tourner autour de votre dos en le maintenant fermement avec votre bras.
Récupérez l'artiste avec l'autre bras par-devant.

86 ESCALADE SUR MAMAN

Voici un excellent exercice d'équilibre pour bébé et de renforcement du dos et de la sangle abdominale pour vous.

Assise au sol, sur les genoux, en posture du diamant, invitez bébé à vous rejoindre, puis prenez ses mains et ses poignets fermement dans vos deux mains.

Il n'hésitera pas longtemps à grimper sur vous grâce à l'accroche de vos mains (1). Laissez-le prendre appui avec ses pieds sur vos jambes (2), puis sur votre thorax (3), jusqu'à l'arrivée au sommet de sa montagne : juché sur vos épaules (4) !

Allez chercher la force dans le ventre, gardez le dos droit et ne cambrez pas.

Pour la descente, laissez partir les fesses de bébé en arrière et attrapez-le au vol.

1

Bébé est ravi de partir
en balade sur maman.

2

La pente est faible au début !

3

Les choses se corsent
à la verticale !

4

Au sommet la vue est plus
belle !

87 À L'ASSAUT DE MAMAN

C'est le même exercice que précédemment, mais en plus complexe car bébé va vous escalader non pas assise, mais debout. Encore un travail d'équilibre et de force pour bébé et un travail des jambes et du dos pour vous.

Debout, mettez-vous en posture de la chaise, le ventre solide, les jambes jointes pliées à moitié comme si vous étiez installée sur une chaise.

Attrapez solidement les mains et les poignets de bébé et proposez-lui de vous escalader. Pliez les jambes de telle sorte qu'il puisse poser un pied sur votre genou (1).

De là, tirez votre bébé vers le haut pour qu'il grimpe sur vos deux genoux (2). Dès que vous le sentez suffisamment en appui et non dans le vide, détachez rapidement un bras pour entourer son dos d'un côté, pendant que vous gardez l'une de ses mains dans la vôtre (3).

Finissez en vous redressant tout en basculant bien le bassin et en saisissant votre bébé dans vos deux bras (4).

1

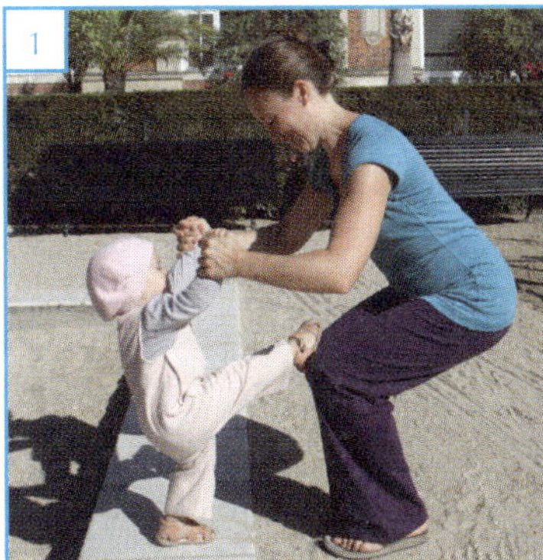

Bébé monte une jambe.

2

Il grimpe sur vos deux genoux.

3

Entourez-le d'un bras sans le lâcher de l'autre main !

4

Redressez-vous, bébé est dans vos bras.

88 TÊTE À L'ENVERS

Voici une autre galipette que bébé va apprécier. Vous travaillez votre pince et votre dos toujours droit pendant que bébé effectue une posture inversée.

Vous êtes debout et bébé est tout contre vous, son visage contre vos cuisses comme il a l'habitude de faire lorsqu'il veut se réfugier et se protéger.

Penchez-vous vers lui, le dos droit, votre ventre contre sa tête. Glissez vos mains et vos bras autour de ses hanches et sous son ventre.

Soulevez-le doucement du sol, il se retrouve tête à l'envers, les jambes dans le vide. Maintenez fermement ses hanches grâce à vos bras en cercle autour de son bassin et bercez-le à droite et à gauche.

Vous pouvez aussi marcher avec lui dans cette position, s'il apprécie.

1

Penchez-vous, le dos droit, vers votre bébé et enserrez ses hanches fermement dans vos bras ou vos mains.

2

Relevez-vous doucement en resserrant vos bras autour de ses hanches, bébé voit le monde à l'envers, c'est très amusant !

89 LE SAC À PATATES

Voici une pirouette amusante qui fait valser bébé autour de vous. Équilibre, système vestibulaire, vision dans l'espace, bébé va se retrouver en 3D pendant que vous travaillerez votre dos et vos bras en force et en souplesse.

Assise en posture du diamant, à genoux, les fesses sur les talons, asseyez bébé sur vos genoux. Glissez vos bras derrière son dos et enserrez fermement ses hanches (par la crête iliaque qui est la partie saillante des hanches vers l'avant et le haut) et ses fesses **(1)**. Vous pouvez aussi agripper ses vêtements pour assurer le mouvement.

Soulevez-le en le faisant glisser et basculer vers l'avant et vers le haut **(2)**. Sollicitez les muscles du ventre et évitez de trop cambrer.

Bébé se retrouve la tête en bas. Passez-le par-dessus votre épaule comme un sac de patates **(3)**, puis glissez le bras opposé dans votre dos pour saisir ses jambes et ses fesses au passage **(4)**. Penchez-vous vers l'avant pour laisser glisser bébé dans votre dos.

1

Installez bien bébé au creux de vos bras, les mains bien serrées autour des hanches.

2

Soulevez bébé en l'air, les mains toujours agrippées fermement autour de son bassin.

3

Passez bébé par-dessus votre épaule.

4

Passez un bras derrière pour recueillir votre petit gymnaste et laissez-le glisser sur votre dos.

90 PIROUETTE EN L'AIR

Une fois que vous serez à l'aise avec la posture précédente, vous pourrez tester celle-ci. C'est le même enchaînement, mais debout. Si vous ne vous sentez pas suffisamment à l'aise, n'insistez pas. De son côté, bébé n'aura peut-être pas envie de tenter une telle pirouette. C'est aussi une astuce lorsque vous voudrez l'installer dans votre dos dans un système de portage.

Debout, bébé contre vous, face au monde, pliez légèrement les hanches en vous penchant vers lui **(1)**.

Agrippez fermement ses hanches et son dos. Prenez de l'élan et soulevez-le de terre en le faisant tourner **(2)**, puis passez-le par-dessus votre épaule comme un sac de patates **(3)**.

Dégagez un bras pour attraper les fesses de bébé derrière votre dos pendant que l'autre bras maintient son dos par en haut. Passez alors ce bras-là sur le côté pour soutenir le dos par en bas **(4)**.

1

Saisissez bébé fermement par les hanches et le dos.

2

Soulevez-le dans les airs en le tenant fermement.

3

Passez-le par-dessus votre épaule et installez-le en appui sur le haut de votre dos.

4

Passez un bras dans votre dos sous ses fesses et dans son dos, l'autre bras fera le même trajet de l'autre côté.

91 LA PINCE ET LA GRENOUILLE

Cette posture fera travailler vos jambes, votre équilibre et la souplesse de vos hanches. Le poids de bébé sera votre contrôle qualité du dos droit. Pas d'erreur possible !

Bébé est installé sur votre dos, vos bras le tiennent fermement, une main dans son dos, une main sous ses fesses. Penchez-vous tout d'abord vers l'avant en pince et servez-vous du poids de votre bébé pour corriger le dos **(1)**. Vos bras doivent également vous aider à ouvrir la cage thoracique et empêcher le dos rond.

Pliez vos jambes et placez votre dos parallèle au sol en gardant la posture quelques instants **(2)**.

Pliez enfin complètement vos jambes comme celles d'une grenouille, toujours le dos droit (en décollant les talons si besoin) **(3)**. La difficulté est là !

Posez alors une main (ou deux, selon l'équilibre de bébé) devant vous et prenez appui, les genoux contre vos bras **(4)**. Tenez bébé de l'autre main au cas où !

1

En pince, bébé appuie sur le bas de votre dos et vous aide à bien vous positionner.

2

Prenez bien conscience de votre dos et de la nécessité de le garder droit pour maintenir votre bébé en équilibre.

3

La grenouille : le pliage se situe au niveau des plis de l'aine et non des lombaires. Bébé, là encore, corrige votre posture.

4

Bébé n'a plus qu'à glisser pour s'échapper.

ALLAITEMENT ET YOGA

LES BONNES POSTURES

L'allaitement dure souvent plusieurs mois, parfois même un an ! Il est donc essentiel d'adopter de bonnes postures pour l'accompagner.

Liberté de respiration et rapidité d'action sont primordiales. Privilégiez les postures simples mais efficaces qui protégeront votre dos et vous feront faire des étirements en même temps.

De jour comme de nuit, assise ou couchée, au sol, sur un canapé ou sur le banc d'un parc, avec ou sans coussin, il faudra trouver des astuces qui vous permettent de vous installer confortablement en un temps record. Certaines postures seront possibles dès les premières semaines. Pour d'autres, il faudra attendre que bébé soit assez dynamique pour participer.

DE BONS HABITS POUR ALLAITER SANS SOUCIS

Pour vous sentir libre de prendre n'importe quelle posture (et il en existe des tas!) sans craindre ni le froid ni le regard des gens, prévoyez le bon équipement.

- des vêtements d'allaitement confortables qui s'ouvrent d'une seule main et se remettent d'un geste: cache-cœur, chemise, gilet, pull à col en V;

- un soutien-gorge sans baleines ni renfort rigide, mais avec des bandes larges de soutien sous la poitrine, un tissu doublé et un large décolleté.

Un bon soutien-gorge s'adapte parfaitement à une poitrine changeante et autorise tous les mouvements. Il sera également parfait pour la nuit.

92 À L'HORIZONTALE

Lorsque vous vous sentirez bien à l'aise, vous pourrez allaiter couchée, ce qui allège considérablement le périnée et vous permet de rester à l'horizontale, en particulier la nuit.

Calée avec un coussin couvrant tout le dos et un autre sous la tête, repliez vos genoux pour bien relâcher les tensions. Placez votre bébé contre vous, sa bouche près du sein inférieur. Vous pouvez alors poser votre bras sur le coussin arrière et soulager ainsi votre dos. Bébé prendra facilement le sein ainsi.

Lorsque vous devrez changer de sein, au lieu de vous retourner avec votre bébé, tournez simplement votre buste légèrement vers l'intérieur, de façon que la bouche de votre bébé coïncide avec le sein supérieur cette fois-ci. Pour caler le bras du dessus qui peut gêner, placez-le pardessus votre bébé ou, encore mieux, au-dessus de votre tête sur un coussin. Votre corps fait une légère torsion, mais il est calé, donc sans tension.

Vous pouvez aussi placer un petit boudin dans le dos de votre bébé pour qu'il soit lui aussi calé.

1

Bien calée par un coussin le long du dos jusque sous le cou, un ou deux genoux bien remontés pour décambrer, vous pouvez donner les deux seins sans changer de posture ou presque.

2

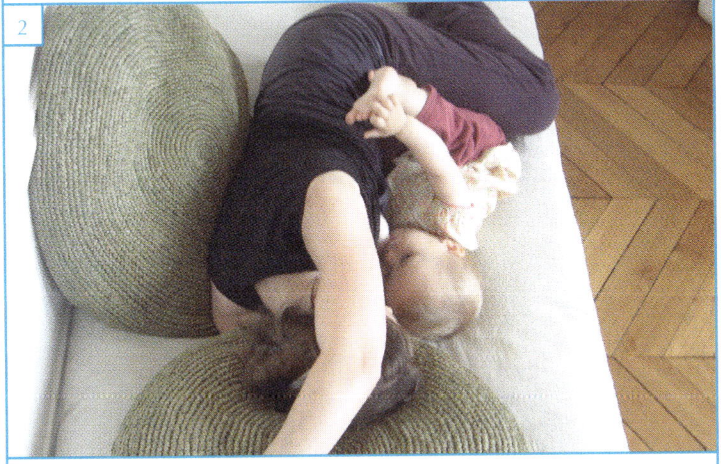

Effectuez une légère torsion vers l'intérieur, posez un bras autour de votre bébé ou sur le coussin au-dessus de votre tête.

93 INCLINÉE SUR LE CÔTÉ

La position horizontale n'est pas toujours facile dans la journée et n'est pas adaptée à un bébé qui a des régurgitations. Vous pouvez alors allaiter inclinée, sur un coussin plat de 30° environ d'inclinaison (ou plus). Cette position est très facile à adopter sur un canapé.

Installez votre bébé au sein lui aussi sur le coussin. Placez un bras sous votre tête ou au-dessus de la tête de votre bébé, l'autre l'entourant. Cette posture est une variante intéressante et vous permet d'étirer votre dos tout en relâchant les tensions grâce au coussin qui vous porte.

Votre bébé aussi est incliné, ce qui peut l'aider à bien boire et limite les régurgitations.

Bien sûr, vous pouvez utiliser la même astuce que précédemment en vous mettant en torsion pour donner l'autre sein.

Incliné sur le côté, bébé est bien installé et vous pouvez vous reposer aussi.

94 PENCHÉE EN ARRIÈRE

Si vous n'aimez pas allaiter couchée ou à la verticale, et si vous voulez vous détendre complètement des pieds à la tête (ce qui favorise l'allaitement et la montée de lait), voici une option intéressante, pour vous comme pour bébé. En effet, lorsque votre débit de lait est trop fort, vous pourrez utiliser cette posture qui régule les quantités de lait que prend bébé. Une fois que bébé aura fini de téter, utilisez-la aussi pour lui faire faire son rot !

Penchez-vous légèrement en arrière contre des coussins, tête comprise, sur un canapé ou dans votre lit, par exemple.

Placez bien bébé au creux de votre bras en travers de votre ventre (ajoutez un coussin sous le bras si nécessaire), mettez-le au sein et repliez une jambe pour vous caler et porter bébé.

Une fois qu'il est rassasié, détachez-le doucement du sein et placez sa tête contre un linge sur votre épaule. Inutile de tapoter ou d'agiter bébé, il vous suffit d'attendre en caressant son dos.

Le corps porté de bout en bout, calé par les coussins,
et la jambe repliée, vous pouvez vous détendre. Bébé aussi sera
penché vers vous et le lait coulera moins vite dans sa bouche.

95 EN TAILLEUR

Voici une posture classique du yoga et de l'allaitement, et quelques conseils pour la rendre encore plus confortable et éviter de crisper le dos.

Il est important de ne pas porter bébé avec vos bras pendant l'allaitement car vous risquez de crisper les trapèzes – en particulier si votre bébé est tout petit.

Vous pouvez alors prévoir un coussin d'allaitement qui entoure votre dos et passe sous votre bébé, le maintenant au niveau du sein sans effort de votre part.

Vous pouvez aussi prévoir tout simplement un coussin sous le genou.

Quand bébé grandit, sa position couchée en travers de votre corps devient plus compliquée. Essayez de l'installer à califourchon sur votre ventre, penchez-le légèrement vers votre sein et entourez-le de votre bras.

Lorsque vous n'avez pas de coussin d'allaitement à portée de main, glissez plutôt un coussin sous votre genou qui amènera bébé à bon port. À califourchon… pour changer de côté, ce sera aussi plus simple !

96 LES BRAS COCON

Si vous n'avez pas de coussin à portée de main, utilisez vos bras et vos mains ! Vos bras en cocon vous aideront aussi à redresser le dos en même temps qu'ils porteront votre genou et bébé.

Assise au sol ou sur un canapé, contre un dossier si possible, croisez les jambes en tailleur, posez un pied à plat et remontez votre genou. Croisez vos mains autour, les bras s'étirent et portent le genou ainsi que bébé sans effort tout près de votre sein.

Au sol, tendez une jambe, croisez l'autre par-dessus en posant votre pied au sol et attrapez votre genou avec vos mains croisées. Installez bébé au creux de votre genou, tout contre vous.

1

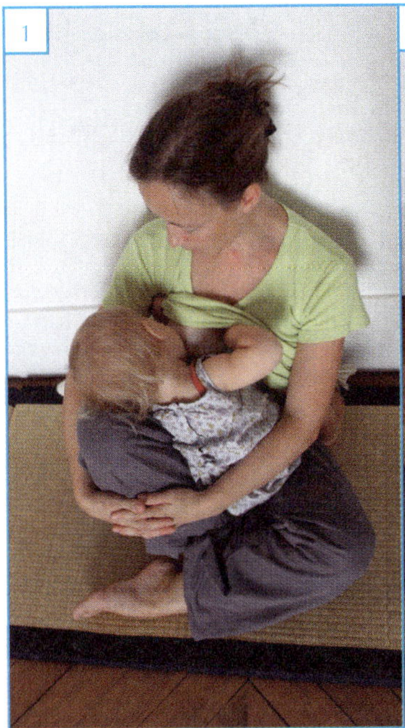

En tailleur, bébé dans un cocon de jambes et de bras.

2

Une jambe croisée, sans coussin, sans dossier, le dos reste droit et le sein est à portée de bébé. Les bras maintiennent et le buste peut se redresser.

97 LA TÊTE DE VACHE

Cette posture qui porte le nom de « museau de vache » (les genoux sont le museau et les pieds sont les cornes) est merveilleuse pour le bassin, les hanches, le dos. Elle oblige la colonne vertébrale à rester droite, ce qui est parfait pour l'allaitement. Elle nécessite une certaine souplesse des hanches. N'hésitez pas à ajouter d'emblée un coussin sous les fesses si vous n'êtes pas très souple.

Assise au sol avec bébé dans vos bras, les jambes devant vous, croisez une jambe par-dessus l'autre comme dans la posture précédente, puis repliez l'autre et ramenez les talons très près des fesses. Les jambes sont croisées l'une sur l'autre. Les fesses doivent être au sol ou sur un coussin.

Installez bébé sur votre genou et commencez l'allaitement avec le sein du même côté. Saisissez votre genou avec vos mains croisées pour ramener votre bébé près de vous.

Bébé est bien calé, votre dos est droit, vos hanches s'assouplissent sans effort, vos lombaires respirent. Changez de croisure – et de sein – au bout de cinq minutes.

En « demi-tête de vache », une seule jambe est croisée.

98 GRAND ÉCART ET CALIFOURCHON

Cette posture va vous permettre d'assouplir vos jambes et d'étirer votre dos. Elle demande une certaine habitude de l'allaitement et votre bébé doit avoir au moins 8 mois pour être à l'aise.

Installez-vous au sol, jambes écartées. Placez un coussin devant vous et installez votre bébé à califourchon, une jambe de chaque côté de votre ventre. Mettez-le au sein, puis posez-le sur le coussin devant vous en vous penchant le dos droit. Si l'étirement est trop important, ajoutez un autre coussin sous bébé. Posez vos mains au sol de part et d'autre de bébé. Savourez l'étirement pendant qu'il savoure votre lait !

Vous pouvez aussi replier une jambe, sur laquelle vous installerez le coussin et bébé. Cette position demande moins de souplesse, mais assouplit bien la hanche.

1

Les jambes sont écartées, les mains posées, le dos est droit, le buste pointé vers bébé : vous travaillez tranquillement votre écart.

2

La jambe repliée porte bébé et son coussin.

99 SEMI-ACCROUPIE

Pour tenir bébé près de vous, rien de mieux que les genoux. Cette position « semi-accroupie » sera parfaite pour votre dos. On peut la pratiquer dès que l'allaitement est bien mis en place.

Cette posture est tout à fait possible à réaliser sur une chaise évolutive (type Tripp Trapp), sur un matelas ou sur un tabouret bas (15 cm de hauteur environ).

Asseyez-vous, les talons sous les fesses, les genoux légèrement vers l'avant. Portez le poids du corps majoritairement sur les pieds et pas sur les ischions.

Les genoux sont écartés pour laisser l'espace nécessaire à bébé. Installez-le confortablement en travers de vos jambes.

Le dos est libéré, et les mains aussi (ou presque) !

100 ASSISE SUR UN BANC

Allaiter sur un banc n'est pas du tout confortable. Voici quelques postures qui pourront vous aider à améliorer la situation.

1. En posture du héros : placez-vous de côté, une jambe dans le vide, pied au sol, une autre repliée, le genou soutenu contre le dossier, pied sur le banc. Installez bébé au creux du genou bien calé, tout contre le sein.

2. En « demi-tête de vache » : croisez une jambe pardessus l'autre, mais en plaçant le pied sur le banc, pas dans le vide (ce qui n'est pas bon). Installez bébé au sein sur le genou plié et saisissez éventuellement votre cheville pour maintenir la posture.

3. Accroupissez-vous, le dos contre le dossier, les pieds sur le banc, bien calée. Installez-vous ainsi avec bébé au sein.

1

Vous avez les mains libres.

2

Installé dans son cocon, bébé profite et vous aussi.

3

Bien calée, vous pouvez profiter du paysage pendant que bébé se régale.

SOPHIE DUMOUTET

Sophie est spécialiste en psychologie cognitive dans le développement des bébés, professeure de yoga et hypno-praticienne. Elle s'est formée au yoga auprès d'Ajit Sarkar, un maître indien et de Bernadette de Gasquet, médecin et professeur de yoga qui l'a initiée au yoga postnatal. **Maman de 3 enfants**, autrice de nombreux ouvrages sur la maternité et les bébés, elle intervient notamment à la maternité de l'Institut mutualiste de Montsouris à Paris, depuis 15 ans. Elle propose de nombreux ateliers et un blog, mêlant yoga, hypnose et neurosciences, au service des parents et de leurs enfants !

Elle invite chaque femme, à travers le yoga, à se réapproprier son corps, à vivre pleinement sa maternité et à inventer une relation corporelle – et affective – créative et joyeuse avec son bébé, selon sa personnalité et ses propres perceptions. Sa devise : liberté, féminité, sérénité.

Son site : www.sophiedumoutet.com

ÉMILIE BUZYN

Émilie est diplômée de l'École nationale supérieure des Arts Décoratif en photographie. Elle a également étudié à la St Martin School of Art and Design de Londres. Lauréate 2004 de la Bourse de la Fondation Lagardère, elle vit et travaille à Paris.

Elle reçoit en 2003 la bourse des Pyrénées Atlantiques et expose son travail au festival Biarritz Terre d'Images.

En 2005 elle participe à l'ouvrage collectif *Vivre le Sport* aux éditions du Chêne.

Depuis 2004, Émilie Buzyn a réalisé avec le soutien de la Fondation Lagardère une série de reportages sur le cosmodrome de Baïkonour. Elle poursuit actuellement son travail sur l'astronautique russe au Kazakhstan et à Kourou (Guyane).

Elle collabore régulièrement avec différent journaux tels que *Images Magazine*, *Beaux-Arts Magazine*, *Technickart* ou *GQ Magazine*.

LES AUTRES TITRES DE LA COLLECTION

- *365 activités avec mon bébé (0-1 an)*
- *365 activités avec mon tout-petit (1-3 ans)*
- *365 activités avec mon enfant (3-5 ans)*
- *100 massages et activités de relaxation avec mon bébé (0-2 ans)*
- *100 astuces bébé pour se simplifier la vie au quotidien (0-2 ans)*
- *60 activités Montessori pour mon bébé*
- *100 activités Montessori pour préparer mon enfant à lire et à écrire (2-6 ans)*

MIXTE
Papier issu de
sources responsables
FSC® C022030
FSC
www.fsc.org

N° d'éditeur : 10265628 - ISBN : 978-2-09-279107-3
Achevé d'imprimer en France en décembre 2020
par l'imprimerie Clerc – 18200 Saint-Amand-Montrond.
Dépôt légal : janvier 2021.